汉语高级教程

严越　朱芳华　编著

厦门大学出版社
国家一级出版社
全国百佳图书出版单位

图书在版编目(CIP)数据

汉语高级教程/严越,朱芳华编著.—厦门:厦门大学出版社,2020.8
ISBN 978-7-5615-5254-4

Ⅰ.①汉⋯　Ⅱ.①严⋯②朱⋯　Ⅲ.①汉语—对外汉语教学—教材　Ⅳ.①H195.4

中国版本图书馆 CIP 数据核字(2020)第 122471 号

出 版 人	郑文礼	
责任编辑	刘　璐	

出版发行　厦门大学出版社

社　　　址	厦门市软件园二期望海路 39 号	
邮政编码	361008	
总　　　机	0592-2181111　0592-2181406(传真)	
营销中心	0592-2184458　0592-2181365	
网　　　址	http://www.xmupress.com	
邮　　　箱	xmup@xmupress.com	
印　　　刷	厦门市金凯龙印刷有限公司	

开本	720 mm×1 000 mm　1/16
印张	10.75
字数	160 千字
版次	2020 年 8 月第 1 版
印次	2020 年 8 月第 1 次印刷
定价	45.00 元

本书如有印装质量问题请直接寄承印厂调换

厦门大学出版社
微信二维码

厦门大学出版社
微博二维码

前　言

　　《高级汉语教程》的主要适用对象为来华学习汉语的高年级学生。我们认为，高级汉语仍然属于语言学习的基础阶段，高级汉语教材的"高"应该体现在展示书面语体，提供能让学生思考和讨论的话题，突出书面语词汇、造句规则、语篇表达等方面。学习语言的最终目的并非为了单纯掌握某种语法形式，而是为了表达思想、传递信息。语言课不能只局限于日常话题，而应该扩展到不同知识领域的话题，让学生有机会接触正规、多样、复杂的语言现象。学习者可以通过中文原文阅读，扩充词汇量，提高汉语的理解和运用能力，并加深对汉语言特点以及中国文化的了解。

　　鉴于高级阶段汉语学习者的特点，我们在编写教材的过程中，注重课文语料体裁和题材的多样性。课文内容涉及日常生活、民俗文化、语言文字及天文、建筑、经济、医学等各个方面。教材还从鲁迅的《故乡》和名著《水浒传》中节选一段作为课文，希望学习者能通过课程的学习了解不同时期汉语的特点。

　　感谢提供语料文章的原作者！在编写本教材的过程中，我们努力联系原作者，并得到他们的大力支持和授权。但由于我们的联系渠道有限，至本教材出版还有两三篇选文的版权所有者尚未联系到，请你们跟我们联系，我们希望得到您的正式授权。

　　感谢厦门大学资助了这套教材的出版！

编者

2019 年 10 月

目　录

第一课 大中秋

课 文

"小春节，大中秋。"厦门的中秋，隆重无比，让人平稳的心思，情不自禁惊动起来。

中秋节一早，手机短信音不断响起，朋友们的祝福短信不断送达。我逐一认真阅读，逐一认真回复。

中午，携女儿去喜来登酒店，在自助餐厅的中餐区、西餐区、糕点区、水果区，我们来回转，端回一盘美食，吃完一盘美食，直至饱得不行，心满意足离开。

然后，进这家商店，再进那家商店，走这条大道，再走那条小道，悠闲逛着。

然后，与女儿手挽手，一路笑闹着回家。回家路上，停步一会儿，抬头看暗蓝天宇，中秋月那么圆，那么大，那么亮，银盘一样，旁边有两堆浮云，呈现雕塑般的硬朗之气。还未走到楼下，就听见邻居家传出骰子落盘的动听声响，一声接一声。这声响，大珠小珠落玉盘[1]一样好听，带给我阖家团圆的温暖画面：家人围成圈，嬉笑着，玩博饼[2]游戏，抢夺状元、对堂、三红、四进、举人、秀才[3]的"名分"。

关于古时中秋，我最欢喜的是清朝顾禄《清嘉录·走月亮》中的这段描绘："中秋夜，妇女盛装出游，互相往来，或随喜尼庵，鸡声喔喔，犹婆娑月下，谓之走月亮。"走月亮，多么富有魅力的夜晚出行呀，有锦衣夜行的仪态万方，有环佩叮当的优雅端庄，有结队而游的笙歌鼎沸。然而，现代妇女，在工作、孩子、家务之间兜兜转转，急则疲，慌则乱，谁还有雅兴走月亮？即使有，在钢筋水泥的城市里，往哪个方向走呢？

关于厦门中秋，道光年间[4]《厦门志》记载："中秋，街市乡村演戏，祀土地之神……夜荐月饼、芋魁祀神及先。亲友相馈遗。"月饼是众所周知之物，宋代中秋时，"民间以月饼相遗，取团圆之意"。芋魁何物也？芋艿也。"相传有一次戚继光抗倭，一支队伍被困，弹尽粮绝，就在山里挖野芋艿充饥，后来，全歼倭寇。这一天正是中秋节，戚继光为了纪念阵亡将士，称芋艿为'遇难'，民间就留下了中秋吃糖芋艿的风俗。"由此，翻阅漫漫历史，如翻阅一册老书，一些有趣情节，一翻即过，一翻即忘。而今，厦门人将月饼和博饼风俗发扬光大至鼎盛无比，在月饼的甜腻里，于博饼的乐趣中，弘扬出的中秋民俗盛宴精彩绝伦，凸显热闹无比的节日气氛，让人叹为观止，却将小小糖芋艿，遗失在历史长河里了。

关于中秋博饼，这起源于清代的中秋传统活动，是闽南地区独有的月饼文化遗存。如今，从农历八月初一到八月三十，整整一个月，厦门处处都是骰子声。博饼之人，个个目光炯炯，不眨眼地紧盯桌上大瓷碗中骰子的点数。每一个人，将六颗骰子掷出去，都引来兴奋或失望的大呼小叫。然后，"一秀""二举"被瓜分，"三红""四进"有归属，"对堂"找到意中人，"状元"惊艳出场……在这游戏中，如同对待许多物事，我一直葆有的心意是：掷出的骰子点数，该是什么，不该是什么，冥冥中，自有定数，所以，不要期待，不要贪婪，不要患得患失，要微笑，要持随意态度。

关于月饼，我最爱吃豆沙月饼。童年时，一大家人围一起，切一个大大豆沙月饼、热闹过中秋的场景，至今温馨在心里。可是，现在的月饼，价格无比昂贵，包装无比华贵，一个一个，藏在美丽木盒里的美丽纸盒中，在我看来，正好用以说明"金玉其外，败絮其中"这句话的含义。常常，女儿将美丽纸盒打开，一个一个月饼查看，念叨：红酒提子、雪翠香兰、红油蟹贝、台湾卤肉……这是什么呀？加入如此多水果、猪肉、海鲜的月饼，还是月饼吗？还好吃的？只好叹一声：时光流转，一切在变，月饼的味道，不复当年。

真的是呀，景色依旧，物是人非，中秋节仍是古时中秋节，过节的人却不是古时人。纵然，我们缅怀古时的悠然意境，在中秋节，不停念叨"海上生明月，天涯共此时"，不停念叨"但愿人长久，千里共婵娟"[5]，但我们，传承了多少古时人过节的郑重仪式与真挚心意呢？

唯愿："花常好，月常圆"的美好愿望，历千古，永不变。

（作者：黄静芬；选自公众号：静芬茶馆）

附：中秋节简介

农历八月十五日，是中国传统的中秋节。

中秋节，又称月夕、秋节、仲秋节、八月节、八月会、追月节、玩月节、拜月节、女儿节或团圆节。中秋节始于唐朝初年，盛行于宋朝，至明清时，已成为与春节齐名的中国主要节日之一。受中华文化的影响，中秋节也是东亚和东南亚一些国家尤其是当地的华人华侨的传统节日。在中国的农历里，一年分为四季，每季又分为孟、仲、季三个部分，因而中秋也称仲秋。最早说到"中秋"习俗的是《周礼》，《礼记·月令》上说："仲秋之月养衰老，行糜粥饮食。"关于中秋节的起源有很多说法。

有说它起源于古代帝王的祭祀活动，也有说它和农业生产有关。秋天是收获的季节。"秋"字的解释是："庄稼成熟曰秋。"八月中秋，农作物和各种果品陆续成熟，农民为了庆祝丰收，表达喜悦的心情，就以"中秋"这天作为节日。不过关于中秋的传说，众所周知的嫦娥奔月的故事可能流传得更广。

相传，远古时候天上出现了十个太阳，这件事让后羿知道了，他一气射下九个多余的太阳，因此被贬到人间。后来，后羿娶了嫦娥，一天，后羿向王母求得一包不死药。据说，服下此药，能即刻升天成仙。后羿把不死药交给嫦娥珍藏，不料被后羿的徒弟蓬蒙知道了。一天，后羿外出，蓬蒙就借此机会逼嫦娥交出不死药，嫦娥无奈，只好将药吞下，抱着她心爱的兔子，飞上了月宫。后羿知道后，痛苦不已，只好遥祭月宫中的妻子。后来逐渐演变成一种习俗，在中秋这一天人们仰望天空如玉如盘的朗朗明月，期盼家人团聚。远在他乡的游子，也借此寄托自己对故乡和亲人的思念之情。所以，中秋又称"团圆节"。

今天，月下游玩的习俗，已远没有旧时盛行。但设宴赏月仍很盛行，人们把酒问月，庆贺美好的生活，或祝远方的亲人健康快乐，和家人"千里共婵娟"。

中秋节的习俗很多，形式也各不相同，但都寄托着人们对生活无限的热爱和对美好生活的向往。

生　词 *

1. 情不自禁 qíngbùzìjīn　（成）　抑制不住自己的感情。

2. 悠闲 yōuxián　（形）　闲适自得。悠：闲适，闲散。闲：没有事情；没有活动；有时间。

3. 天宇 tiānyǔ　（名）　天空。

4. 浮云 fúyún　（名）　飘浮的云彩。

5. 呈现 chéngxiàn　（动）　显出；露出。

6. 硬朗 yìnglang　（形）　①强硬有力。②身体健壮。

7. 骰子 tóuzi　（名）　也叫色子（shǎizi），一种游戏用具或赌具，用骨头、木头等制成的立体小方块，六面分刻一、二、三、四、五、六点。

8. 阖家 héjiā　全家。

9. 嬉笑 xīxiào　（动）　笑着闹着。

10. 名分 míngfèn　（名）　指人的名义、身份和地位。

11. 描绘 miáohuì　（动）　画；也指用语言文字来描写。

12. 盛装 shèngzhuāng　（名）　华丽的装束。

13. 随喜 suíxǐ　（动）　佛教用语。见人做功德而乐意参加，也指随着众人做某种表示，或愿意加入集体送礼等。

14. 尼庵 ní ān　尼姑庵，佛教中出家修行的女教徒居住和生活的地方。

15. 犹 yóu　（副）〈书〉　①还；尚且。②如同。

16. 婆娑 pósuō　（形）　盘旋舞动的样子。

17. 魅力 mèilì　（名）　很能吸引人的力量。

18. 锦衣 jǐnyī　华美的衣服。

---

* 本书的生词注音参照《汉语拼音正词法基本规则》(2012版)及《现代汉语词典》(第7版)。

19. 仪态万方 yítài-wànfāng　（成）　形容容貌、姿态各方面都很美。仪态：姿态，容貌。

20. 环佩 huánpèi　古人所系的佩玉。

21. 笙歌 shēnggē　（动）　奏乐唱歌。笙：一种管乐器。

22. 鼎沸 dǐngfèi　（形）　像水在锅里沸腾一样，形容喧闹、人声嘈杂。鼎：锅。

23. 兜兜转转 dōudōu-zhuànzhuàn　打转转，绕着……转圈子。

24. 祀 sì　（动）　祭祀。

25. 芋魁 yùkuí　（名）　芋的块茎。俗称芋头，芋艿（nǎi）。

26. 馈遗 kuìwèi　（动）　馈赠。馈：赠送；古时指拿食物送人。遗：赠予，送给。

27. 也 yě　（助）〈书〉　用在句末，做语气助词。

28. 倭 wō　（名）　古代对日本的称呼。

29. 鼎盛 dǐngshèng　（形）　极端强盛。

30. 弘扬 hóngyáng　（动）　发扬光大。

31. 精彩绝伦 jīngcǎi juélún　精彩美妙到了极点。

32. 凸显 tūxiǎn　（动）　突出显露。

33. 叹为观止 tànwéiguānzhǐ　（成）　赞美看到的事物好到极点。

34. 炯炯 jiǒngjiǒng　（形）　形容明亮（多用于目光）。

35. 瓜分 guāfēn　（动）　像切瓜一样地分割或分配。

36. 归属 guīshǔ　（动）　属于，归于。

37. 葆有 bǎoyǒu　有。葆：保持。

38. 冥冥 míngmíng　（名）　指阴间。迷信的人指有鬼神暗中起作用的境界。"冥冥之中"意为命中注定。

39. 定数 dìngshù　（名）　①定命；迷信的人指决定事物命运的超自然的力量。②规定的数额。

40. 贪婪 tānlán　（形）　贪得无厌，不知满足。

41. 患得患失 huàndé-huànshī　（成）　没得到怕得不到，得到后又怕失去。形容对个人得失看得太重。

42. 金玉其外，败絮其中 jīnyù qí wài, bàixù qízhōng　（成）　比喻外表很华美，里面一团糟。贬义。

43. 纵然 zòngrán　（连）　即使。

44. 缅怀 miǎnhuái　（动）　深情追想过去的人和事。

45. 传承 chuánchéng　（动）　传授和继承。

46. 郑重 zhèngzhòng　（形）　认真严肃。

47. 真挚 zhēnzhì　（形）　真诚恳切（多指情感）。

48. 贬 biǎn　（动）　①降低（封建时代多指官职，现代多指价值）；减少。如：贬值。②指出缺点，给予不好的评价，与"褒"相对，有褒有贬。

注　释

1. 大珠小珠落玉盘：唐代诗人白居易《琵琶行》中的诗句。

2. 博饼：起源于厦门，是闽南地区几百年来独有的中秋传统活动。相传当年郑成功为了鼓舞思乡的将士们，命令其下属发明此游戏，经过几百年的变迁，成为一种独特的中秋民俗文化。

3. 状元、对堂、三红、四进、举人、秀才：古代各级科举考试的头衔，对堂相当于榜眼，三红相当于探花，四进相当于进士。厦门的中秋博饼借用它们来划分奖品的等级。

4. 道光年间：1821—1850 年，是清宣宗爱新觉罗·旻宁的年号，共使用三十年。

5. "海上生明月，天涯共此时"，"但愿人长久，千里共婵娟"分别出自唐代张九龄的五言律诗《望月怀远》和宋代苏轼的词《水调歌头》。

词语例释

1. 民间以月饼相遗，取团圆之意。

以：文言词。"用""拿""凭借"的意思。如：

以能力而论，他并不在我之下。

以算盘代替计算器，一样可以算得很快。

常用于：

A：与"为"呼应，组成"以……为……"的格式。如：

这个活动以中国学生为主。

心脏病人以少喝酒为好。

他以农村为家，长期和农民们生活在一起。

B：表示方式，有"按照"的意思。如：

每斤以两元计算，就是一个不小的数目。

C：表示原因，有"凭借"的意思。如：

厦门以风景优美而出名。

D：表示目的。如：

靠近火堆，以取得一点温暖。

2. 如今　而今

书面语词，都是名词，都有"现在""目前"的意思，常可以互换。如：

他过去饭都吃不起，而今（如今）能买大房子了。

"如今"强调"目前的情况""现在的情况"；"而今"侧重"从现在开始；过去……而现在……"，一般只用于句首。如：

如今的年轻人都爱熬夜。

如今大学生也是平常人了。

忆往昔，想如今，一声长叹。

而今迈步从头越。

过去一毛钱能买一天的菜，而今一颗糖都买不到了。

3. 虽然　纵然　即使

"虽然"是转折连词，与"但是"组成"虽然……但是……"的固定格式；"纵然"是让步连词，"纵然……也……"。"即使"与"纵然"意义差不多，但语气较轻。如：

虽然雨很大，但是我们坚持去爬山。

即使雨很大，我们也要去爬山。

他们纵然（即使）想毁约也无能为力了。

4. 一翻即过

即

① 靠近；接触。如：若即若离。可望而不可即。

② 到；开始从事。如：明天新皇帝即位。

③ 当下；目前。如：即日／成功在即／即日生效。

④ 就着（当前环境）。如：即景。

⑤ 就是。如：荷花即莲花／非此即彼。

⑥ 就；便。如：一看即忘。

⑦ 即使。如：即无他的帮助，也能按期完成任务。

5. 自有

自己有或自然有，后面常跟双音节单词。如：

自有定数／自有论断／自有住房

6. 芋魁何物也？芋艿也。

也，古汉语的用法，用在句末。

① 表示判断或解释的语气。如：

非不能也，是不为也。

② 表示疑问或反诘的语气。如：

何物也？

③ 表示句中的停顿。如：

大道之行也，天下为公。

修 辞 例 释

1. 走月亮，多么富有魅力的夜晚出行呀，有锦衣夜行的仪态万方，有环佩叮当的优雅端庄，有结队而游的笙歌鼎沸。

这段话中用"有锦衣夜行的仪态万方，有环佩叮当的优雅端庄，有结队而游的笙歌鼎沸"三个结构和语气相同的短句，描写了古时中秋夜妇女盛装出行的热闹场景。这是一种叫"排比"的修辞手法。

文中的另一个句子"不要期待，不要贪婪，不要患得患失，要微笑，要持随意态度"，前三个短句也构成了排比句。

排比一般由三个或三个以上结构相同或相似、语义相关的句子或短语组成。作用是强调和突出某种意思，或增强话语的气势，使情感抒发得更充分。以上两个排比句就有强调所要表达的内容和加强语势的作用。

排比句最常见的是由三个并列语句组成的，有时也可以三个以上。例如：

哦，我的山乡，你给我

多少色彩，多少线条，多少光！

多少美妙的灵感，奇特的幻想！

（胡云发《户长的邀请》）

本例中四个以"多少"开头的短语，结构相似、语义相关，同属美术创作范畴，组成排比后有强调的作用，突出"我的山乡"给予了"我"创作的源泉。

2. 芋魁何物也？芋芳也。

这里作者提出问题后自己做了回答。说明作者不是真的不知道"芋魁"是什么，而是想通过提出问题，引起读者的注意和思考，引出下文。这种自问自答的疑问句叫设问句。再如：

父爱是什么？父爱指父亲给予孩子的爱，让孩子感受到父爱的温暖。父爱是严肃、刚强、博大精深的。

什么是生物？生物就是有生命的物体。

设问句有的时候可以直接用作文章的标题来吸引读者，启发读者思考；有的时候用在一段或一节文章的开头或结尾，起承上启下的过渡作用。

3.加入如此多水果、猪肉、海鲜的月饼，还是月饼吗？还好吃的？

这两个问句不需要回答，因为答案就在问句之中。意思是这不是月饼，不好吃。

这种明知故问的疑问句形式叫反问句，它以问句的形式表示确定的意思。

反问句所表达的意思是肯定还是否定，跟它的表面形式正好相反。即肯定的形式（不含否定词）表示否定的意思，否定的形式（含有否定词）表示肯定的意思。例如：

他怎么会来呢？　　（他一定不会来。）

他怎么不会来呢？　　（他一定会来。）

反问句的主要作用是加强语气，增加语言表达的感情色彩。例如：

谁不知道这件事？

大家都知道这件事。

前一句是反问句，意思与后一句相同，但语气更强。

词汇扩展

1."反"有"颠倒""方向相背""翻过来"的意思，因此可推断出"反常"的意思是"不正常，和平常不一样"。猜猜下面词语的意思并造句。

反驳：

反差：

反动：

反调：

反复：

反感：

反话：

反击：

反抗：

反馈：

反目：

反作用：

反面教材：

2.“尽”有“达到极端”“全部”“用力完成”“完”的意思，因此可推断出“尽力”的意思是“用全部的力量和能力”。猜猜下面词语的意思并造句。

尽量：

尽情：

尽头：

尽心：

尽兴：

尽责：

尽职：

尽善尽美：

综 合 练 习

一、根据课文回答问题

1. 中秋节是几月几号？中秋节有何习俗？

2. 厦门的中秋节有何特别的地方？

3. 厦门为什么会有这种特别的中秋习俗？

4. 作者在中秋节做了什么事情？

二、请将下列词语补充完整

仪态（ 　 ）方	（ 　 ）雅端庄	笙（ 　 ）鼎沸
弹（ 　 ）粮绝	精彩（ 　 ）伦	叹为观（ 　 ）
目（ 　 ）炯炯	自有（ 　 ）数	（ 　 ）得患失
物是人（ 　 ）	众所（ 　 ）知	

三、请用另一个词替换下列带点的词，句子的意思不变

1. 于博饼的乐趣中，弘扬出的中秋民俗盛宴精彩绝伦。

2. 还未走到楼下，就听见邻居家传出骰子落盘的动听声响，一声接一声。

3. 翻阅漫漫历史，如翻阅一册老书，一些有趣情节，一翻即过，一翻即忘。

4. 他的眼睛简直像一对电压充足的小灯泡。

5. 让人叹为观止。

6. 大家见面最多也是打个招呼而已。

7. 这两人准有见不得人的事。

8. 现在的月饼，价格无比昂贵，包装无比华贵。

四、词语搭配

1. 平稳的		a. 时光
2. 随意的		b. 态度
3. 贪婪的		c. 心意
4. 温馨的		d. 意境
5. 昂贵的		e. 价格
6. 流转的		f. 心思
7. 悠然的		g. 仪式
8. 真挚的		h. 欲望
9. 郑重的		i. 气氛

五、选择下列词语的正确意义

1. 糊里糊涂	a. 人或动物在胚胎时期营养及遗传状态差。常用来比喻事情在萌芽状态就很差
2. 多嘴多舌	b. 喜欢过问与自己无关的事
3. 见钱眼开	c. 不该说的时候说；说不该说的话
4. 议论纷纷	d. 想尽或用尽一切办法
5. 精力充裕	e. 议论很多
6. 千方百计	f. 不能让人看见或知道
7. 见不得人	g. 精神和体力很旺盛
8. 恍然大悟	h. 非常相信，没有一点怀疑
9. 先天不足	i. 对事物的认识不清楚、混乱
10. 爱管闲事	j. 贪财，贬义

11. 确信无疑　　　　k. 猛然明白、醒悟

12. 物是人非　　　　l. 东西还是原来的东西，可是人已不是原来的人

六、用指定词语完成句子

1. _____（按……说），他应该会来。

2. 学生提了很多问题，_____（逐一）。

3. 遇事不要着急慌乱，_____（则）。

4. 她很健忘，_____（即）。

5. 今年公司的利润很高，_____（凸显）。

6. 已经太迟了，_____（纵然）。

7. 我们曾经一起经历了那么多，_____（而今）。

七、模仿下列句子造句

1. 急则疲，慌则乱，谁还有雅兴走月亮？

_____

2. 加入如此多水果、猪肉、海鲜的月饼，还是月饼吗？还好吃的？

_____

3. 民间以月饼相遗，取团圆之意。

_____

4. 走月亮，多么富有魅力的夜晚出行呀，有锦衣夜行的仪态万方，有环佩叮当的优雅端庄，有结队而游的笙歌鼎沸。

_____

_____

5. 芋魁何物也？

_____

6. 于博饼的乐趣中，弘扬出的中秋民俗盛宴精彩绝伦。

_____

7. 戚继光为了纪念阵亡将士，称芋芳为"遇难"。

_____

8. 中秋节始于唐朝初年，盛行于宋朝，至明清时，已成为与春节齐名

的中国主要节日之一。

_____

_____

9.受中华文化的影响，中秋节也是东亚和东南亚一些国家尤其是当地的华人华侨的传统节日。

_____

_____

八、指出下列各句用了哪种句式，排比、设问还是反问？

1.这是什么地方？这是北京的故宫。（　　　　　）

2.坐着、躺着，打两个滚，踢几脚球，赛几趟跑，捉几回迷藏，风轻悄悄的，草软绵绵的。（　　　　　）

3.浪费时间难道不就是浪费生命吗？　　（　　　　　）

4.HSK 六级难吗？肯定很难，所以我们更应该好好努力。（　　　　　）

5.这么重的桌子你一个人怎么搬得动？（　　　　　）

6.书是清凉可口的泉水，让人清甜解渴；书是芳香浓郁的咖啡，让人温馨浪漫；书是新鲜味美的果汁，让人滋心润肺。（　　　　　）

九、思考与辩论题

传统保护与现代发展的关系

十、写作：介绍一个传统节日

十一、阅读

1996 年，我父亲在他工作和生活了三十年的小镇上去世。安葬前，按照乡村的风俗和本家亲戚们的意见，举行了一场法事。这属于人之常情，只要不当真就行了。领头前来为我父亲念经做忏的是两个本乡小庙里的和尚，一般乡村里的丧事，都请他们。我已离家二十多年，对于这些新近兴起的乡村事务不甚了了，人物也是陌生的。但我还是在穿戴齐整的和尚中发现了一个熟面孔。这个六十出头的和尚，胖胖的，穿了一件灰色僧装，脚下也是那种前头有点翘后面有裸袢的僧鞋，与我小时候在庙里见过的和尚相似。然而他不是和尚，他怎么可能做和尚呢？他分明是我一个蒋姓同学的父亲，小镇上著名的"犁木匠"。那时我读小学，放学后经常到这位同学家里玩。他家靠河边，青砖瓦房，高门楼，砖阶很陡，走进院子，就能看到院子里堆着大捆桑树。犁木匠是专门做耕田的犁的手艺人，从事这项手艺的人不多，但在乡村必不可少。犁材最适宜用桑树，桑树木质细，弯曲度好，而且结实，不怕水沤。犁的种类很简单，只有两种：一种为人拉的犁，一种为牛拉的犁。犁木匠手艺的好坏，就在犁把的角度和弧度，角度与弧度偏差了，做出来的犁就不好使、吃力，耕出来的土花不均匀。特别是拉的犁，省力是最重要的。我的小学同学的父亲蒋木匠，就有一手能做上等犁把的手艺，因而在小镇周围的乡村比较闻名。我们在一堆已经开出来的犁材中间钻来钻去，身边是蒋木匠，立在一根成型的犁把边，正用小圆刨细细地刨犁把的曲弧，趁他歇下来，我们会拿一块桑树的下脚料，请他给我们做一只陀螺。蒋木匠总是和和气气给我们做出来。我对蒋木匠和他做的陀螺，充满了敬意。谁知道二十多年后，蒋木匠竟然当了和尚，他的犁木匠手艺与他的和尚职业有什么关系？从前的蒋木匠对我说，这两年才做的和尚，原来还想把犁木匠手艺做下去，但做的犁堆在家里，一张都卖不掉，哪能做下去，这门手艺到我算是绝路了。看看这些年和尚倒吃香。做和尚也容易，剃了头，穿件袍子，就弄成这个和尚样。其实也是混混，人总得有碗饭吃。蒋木匠说话时的神情，好像并不那么特别失落，他本来属于那类随遇而安的人，不容易有沧桑之感。蒋木匠也算我们家的老熟人，他说你父亲这么好的一个人去了，我要尽心尽意为他念几卷经。说完，他就坐到一群和尚中去，他诵经的声音洪大有力，时时盖过其他和尚。

　　像蒋木匠这样在乡村消失的手艺人，现在越来越多。在我们的乡村小镇上很难看到他们的踪迹。时间的变易，似乎专门针对他们的，也就是最近十几年，那些曾经是乡村中最有鲜明色彩的手艺人，日渐隐藏到生活的深处。对于大部分人来说，当一个封闭的时代结束以后，新的生活样式在很短几年中代替了往昔的生活样式，乡村手艺人很容易成了被遗忘的对象。

（选自费振钟《失踪的乡间手艺人》）

回答问题:

1.作者认识的那个和尚原来做什么工作?为什么改行了?

2.犁木匠是否喜欢现在的工作?文中哪些句子可以反映出来?

3.为什么犁木匠比别的和尚诵经更大声?

4.为什么乡村手艺人很容易成为被遗忘的对象?

第二课　那些一起酿酒的日子

课　文

　　这个夏天，千里迢迢地奔赴苏州的东山，是因为彦子和永和的召唤。彦子已有半年未见，她说："秧子来吧，一起来东山酿酒。"她永远是个精彩的人，和她在一起，一定会有精彩的事。永和从日本打来电话，说她要从东京飞过去，希望能在那儿与我相见。能见到温和睿智、善解人意的永和姐，此行的理由就更加充足。

　　两小时飞机、四十分钟动车、两小时公交车，一路上有如天助，顺得不能再顺。夕阳西下时分，东山镇满街的银杏树迎接了我，等了十来分钟，彦子、未未、广慈、安宇一行的车出现在车站，他们刚从葡萄园赶来，车后备箱里满载着新鲜的葡萄，清甜的果香让人心情愉快。来到东山，不仅要见有意思的人，还要做有意思的事——自酿葡萄酒，哈哈，久违了的美妙假期。

　　第二天一早，我们就去主人的葡萄园摘葡萄。葡萄园位于距东山镇约五公里的一大片绿油油的平原上，泥土小路的两旁，种满了银杏树、橘子树、枇杷树、栗子树……据说东山是一块四季都出好水果的宝地，电影《摇啊摇，摇到外婆桥》和电视剧《橘子红了》均取景于此，太湖边上的一座小岛因此而取名巩俐岛。

　　远远地就听到此起彼伏的热烈的狗吠，一只小黄狗一路小跑地来迎接我们，见了我又是舔脚又是摇尾巴。打开葡萄园的铁门，里头顿时像炸开了锅，一群白鹅伸长了脖子冲过来又冲过去，几十只神气的公鸡和漂亮的母鸡时而悠然散步时而相互追逐，十几条狗被一一关在边上的栏舍里，它们都不甘寂寞地高声宣誓着自己的存在，只有小羊比较乖巧，紧紧依偎着母羊，一副很认生的样子。葡萄园是这些生灵的家园，绿绿的葡萄架像个巨大的屋顶，一串串葡萄被包在白色的纸套里，熟不熟、甜不甜是个秘密。

我们拿着剪子，撕开那些纸套，见着紫红的葡萄串就毫不犹豫地咔嚓一下，如果还是绿而硬的就让它留着继续生长。发现好葡萄的过程充满了惊喜，有的葡萄太过成熟，手一碰，果子就哗啦啦散落一地，鸡们眼明嘴快，飞奔过来啄食，鹅们则是一副事不关己的模样，依然侧目昂然而行。

剪葡萄真是越剪越起劲，收获的喜悦伴着汗水汩汩而出，不一会儿，竹箩筐里的葡萄就堆高了，如此简单的劳作让快乐唾手可得，于我，这亦是人生初体验。葡萄架为我们搭了个凉棚，于是我们的头顶上，便不时有哗啦啦的树叶在奏乐。酿酒的第一道工序，是把葡萄一颗颗摘下来，捏碎装桶。葡萄不能清洗沾水，要的是原汁原味。很多农庄和几乎所有的葡萄酒厂都是用机器将葡萄碾碎出汁，因为产量太大，人工无法应付。不过在盛产葡萄酒的法国，有请漂亮姑娘用玉足踩碎葡萄做酒的传统，据说经美女亲密接触后酿造出的葡萄酒会更加香醇。

相信万物皆有灵。我们此行的目的就是纯粹手工酿造葡萄酒，每一颗葡萄都经自己的手采摘、捏碎，沾染了人的体温、情感、希望，这样做出的葡萄酒该有所不同吧？

一边捏葡萄一边聊天，当一把把脆嫩的葡萄在手心碎裂，汁液迸出，你能体验到破坏的快感。破坏无疑是邪恶的，然而这种破坏只是为了促成凤凰涅槃，想要得到一桶美酒，便得经历一个蜕变的过程。关键在于选择，你要葡萄？还是美酒？

放上一碟拉赫玛尼诺夫的第二钢琴协奏曲，明朗、真挚的乐句里有深刻的思想，简单的劳作被赋予了抒情性，变得意味深长，甚至还有点神圣。后来又换上了拉丁舞曲的DVD，那些载歌载舞将生命的激情极致绽放的人们，那让人怦然心动的眼神和美好而性感的姿体，感染得屋里的每个人都想舞动起来，先是未未，然后是彦子，她们都是优秀的舞者，随兴而舞，又随性而止。一切总是那么自然而又适度。音乐和舞蹈擦亮了灵魂，让身体明媚而灵动，空气里有欢乐的因子蒸腾，它奇妙地存在于你的呼吸间，伴着果子的甜香。

一小时、二小时、三小时……时间一点点地过去，捏碎了的葡萄加上一定的催化剂后，在干净的桶里活过来了，它们悄然变形、变色、发酵，排气管不停地传来扑扑扑的声音，像是它们在舒筋展骨，欢呼宣告。音乐依然不停地响着，相信听音乐的葡萄会有好心情，好心情的葡萄才会变成美味的葡萄酒。夜晚，葡萄们睡了，整个村庄都睡了，我们出去散步。时间不过才八点。

细长的马路寂静无人，两旁粉墙黛瓦的建筑也像是入梦了似的，都笼了层薄薄的雾，在月色里飘浮；树木与晚风的低语时断时续。经过一座小桥，见一群鸡鸭和几只猫像定格了似的，在河畔一动不动。月光照亮了的水面，有一只鸡别着脖子站着，样子很是滑稽，原来，它们也都睡着了。我们轻手轻脚，却还是惊扰了它们的美梦，但它们并不为忤，只是惺忪着眼愣怔片刻，便又重新入定。

我们走进碧螺村，那是生产碧螺春茶的古老村落，两旁都是掩在夜幕中的黑漆漆的茶树，月亮无言地在天上。而我们说话，说各自的故事，已逝的过去和一切皆有可能的未来，以及，以葡萄酒为名义的相聚。路的前方有雾，我想，凡可追忆的总有它的美好之处，不管它曾是欢乐或是苦难。许多的人和事，在这样的夜里回想，皆如幻觉。

我们回去推开门的时候，酒香已浓烈地扑鼻而来，以一种雀跃的姿态，让人心头一喜。

深夜，我们终于沉沉睡去，而葡萄们可能正在醒来。它们一次次地睡去、醒来，醒来、睡去……有一天彻底睁开双眼，看到的该是怎样的一个世界？那时的它们，是不是已是一酝发酵完全、经历丰富、思维清晰的美酒？而我们却会心甘情愿地默祷着感恩，幸福地迷迷糊糊地醉去……

（作者：林娟；选自公众号：秧子的麦田）

生　词

1. 奔赴 bēnfù　（动）　朝着一定的目的地奔去。
2. 酿 niàng　（动）　用发酵的方法制作某物，常用于食物。如：酿酒。
3. 睿智 ruìzhì　（形）　聪慧而明智，富有远见。

4. 有如天助 yǒu rú tiān zhù   好像有上天的帮助。

5. 久违 jiǔwéi   （动）   客套话，好久没见。

6. 取景 qǔjǐng   （动）   摄影或写生时选取景物做对象。

7. 此起彼伏 cǐqǐ-bǐfú   （成）   这里起来，那里落下，形容连续不断。

8. 舔 tiǎn   （动）   用舌头接触东西或取东西。

9. 乖巧 guāiqiǎo   （形）   （言行等）合人心意；讨人喜欢。

10. 依偎 yīwēi   （动）   亲热地靠着；紧挨着。

11. 啄 zhuó   （动）   鸟类用嘴叩击并夹住东西。

12. 事不关己 shìbùguānjǐ   （成）   事情同自己没有关系。

13. 侧目 cèmù   （动）   不从正面看，斜着眼睛看。

14. 汩汩 gǔgǔ   （拟声）   形容水流动的声音。汩：水流的样子。

15. 唾手可得 tuòshǒu-kědé   （成）   形容非常容易得到。唾手：往手上吐唾沫。

16. 捏 niē   （动）   ①用拇指和其他手指夹。② 用手指把软的东西做成一定的形状。如：捏饺子。

17. 碾 niǎn   （动）   把东西轧碎，轧平。

18. 沾染 zhānrǎn   （动）   ①浸润濡染。②因接触而受到影响。③因接触而被不好的东西附着上。

19. 迸 bèng   （动）   ①向外溅出或喷射。②突然碎裂。如：迸裂。

20. 邪恶 xié'è   （形）   （性情、行为）不正派而且凶恶。

21. 凤凰 fènghuáng   （名）   古代传说中的百鸟之王，羽毛美丽，雄的叫凤，雌的叫凰。常用来象征祥瑞。

22. 涅槃 nièpán   （动）   佛教用语，原指超脱生死的境界，现用作死（多指佛或僧人）的代称。

23. 蜕变 tuìbiàn   （动）   （人或事物）发生质变。

24. 赋予 fùyǔ   （动）   交给（重大任务、使命等）。

25. 意味深长 yìwèi-shēncháng   （成）   意思含蓄、深刻，耐人寻味。

26. 绽放 zhànfàng   （动）   （花朵）开放。

27. 怦然心动 pēngrán-xīndòng   （成）   心怦怦地跳动。

28. 灵动 língdòng （形） 灵活不呆板，富于变化。

29. 因子 yīnzǐ （名） 因素；影响成分。

30. 蒸腾 zhēngténg （动） 气体上升；水蒸气散发出来。

31. 催化剂 cuīhuàjì （名） 在化学反应中能改变反应速度的物质。催化：加入催化剂使化学反应速度改变。

32. 发酵 fājiào （动） 复杂的有机物在微生物作用下分解。

33. 舒筋展骨 shū jīn zhǎn gǔ 舒展筋骨。舒展：伸展。筋骨：韧带及骨骼，也引申指身体。

34. 粉墙黛瓦 fěnqiáng dàiwǎ 粉色的墙，青黑色的瓦。

35. 笼 lǒng （动） 遮盖；笼罩。

36. 定格 dìnggé （动） ① 电影、电视片的活动画面突然停止在某一个画面上，叫作定格。泛指确定在某种状态、格式、标准上。②固定不变的格式；一定的规格。

37. 别着 biézhe 扭着、拧着。

38. 滑稽 huájī （形） 形容（言语、动作）引人发笑。

39. 忤 wǔ （形） 不顺从；不和睦。

40. 惺忪 xīngsōng （形） 形容因刚睡醒而眼睛模糊不清。

41. 愣怔 lèngzheng （动） 眼睛发直，发愣。也指发呆。

42. 入定 rùdìng （动） 佛教徒的一种修行方法，闭着眼睛静坐，控制身心各种活动。

43. 幻觉 huànjué （名） 视觉、听觉、触觉等方面，没有外在刺激而出现的虚假的感觉。

44. 扑鼻而来 pūbí ér lái 指味道迎面扑来，形容味道浓郁。

45. 雀跃 quèyuè （动） 高兴得像雀一样地跳跃。雀：一种小鸟。

词语例释

1. 顺得不能再顺

形容词＋得不能再＋形容词，表示没有比得过的。如：

好得不能再好

难得不能再难

酸得不能再酸

2. 均……于此

意思是"都……在这儿"。如：

他把自己喜欢的物件均收于此（屋）。

古代三大宗教均产生于此（地）。

3. 又是……又是……

强调两件事情一起发生。如：

孩子看到爸爸回家，高兴得又是唱歌又是跳舞。

妈妈对客人很热情，又是倒茶又是递水果。

这几天，天气太糟糕，又是刮风又是下雨。

听说妈妈要离开，孩子又是哭又是闹想留住妈妈。

4. 时而……时而……

强调两件事情交替发生，含"一会儿这样一会儿那样"的意思。如：

她时而哭时而笑，好像疯了一样。

天气不好，时而刮风时而下雨。

5. 随……而……

表示跟随或伴随某事物而出现。如：

随机而动

随风而行

生活品质随薪酬的提高而改善。

生产能力随科技的进步而提高。

6. 一动不动

"一······不······"词语格式，表示连"一 X"也没有。如：

　　一声不响　一言不发　一文不名　一字不会

7. 以······为······

"把······当作""把······作为"的意思。如：

　　以公司为家。

　　以大局为重。

　　以瘦为美。

　　民以食为天。

8. 因而　因此　所以

①"因而""因此"用法基本相同，"因而"不用在句号后面。如：

　　工作任务确定后，一定要保证完成任务。因此，必须定期检查工作进度。（因而 ×）

　　地球是我们的家园，因此我们要保护好环境。（因而√）

②为突出原因或理由，"所以"可以用在"之所以······，是因为······"的格式，"因此""因而"没有这种用法。

③"所以"一般可以与"因为""由于"搭配；"因而""因此"一般只与"由于"搭配。

④"因而""因此"多用于书面语，"所以"多用于口语。

9. 于是　所以

"于是"表示后一件事承接前一件事，后一件事往往是前一件事引起的。可以用在主语前，也可以用在主语后。如：

　　听他那么一说，我于是又觉得有些希望。

　　看到大家都很累，于是他叫大家休息一下。

"所以"表示前面的原因导致的后面的结果。如：

　　因为生病，所以不能上课。

修辞例释

1. 十几条狗被一一关在边上的栏舍里，它们都不甘寂寞地高声宣誓着自己的存在。

"不甘寂寞""宣誓"等词一般用于写人，用在这里是把狗当成人来写，赋予狗以人的思想感情和动作行为，这是一种叫"拟人"的修辞手法，是"比拟"中的一类。

本文多处运用了拟人手法。如：

鹅们则是一副事不关己的模样，依然侧目昂然而行。

葡萄架为我们搭了个凉棚，于是我们的头顶上，便不时有哗啦啦的树叶在奏乐。

拟人手法化无情物为有情物，可以调动想象，勾画形象。如上面第一例用"事不关己""侧目""昂然"这些描写人的词来写鹅，把鹅的姿态形象生动地呈现在读者面前。此外，运用拟人手法还能烘托气氛，抒发情感。如上面第二例，"哗啦啦的树叶在奏乐"，就很好地烘托出作者剪葡萄时的快乐心情。

2. 葡萄园是这些生灵的家园，绿绿的葡萄架像个巨大的屋顶，一串串葡萄被包在白色的纸套里，熟不熟、甜不甜是个秘密。

"绿绿的葡萄架像个巨大的屋顶"，这里把"葡萄架"比成"屋顶"，运用的是一种叫"比喻"的修辞手法。

比喻是借与 A 事物有相似之处的 B 事物来说明 A 事物的一种修辞手法。B 事物一般是人们熟知的，通过它人们可以更好地理解 A 事物。比如"屋顶"是人人熟知的，而园里的"葡萄架"是什么样子大家看不到，所以作者通过比喻让大家想象出葡萄架的样子。

比喻又叫打比方，一般由三部分组成，被比的 A 事物叫"本体"，用来做比的 B 事物叫"喻体"，连接词叫"喻词"。常用喻词有"像""好像""如""如同""犹如""仿佛""似"等，有时后面出现"一样""似的""一般"等词语相呼应。比喻有不同的类型，如果本体、喻体、喻词都出现，而且喻词用的是上面列出的这些常见词，那么打比方的意思就很明显了，这类比喻被称为"明喻"。

"绿绿的葡萄架像个巨大的屋顶"就是一个明喻，本体是"绿绿的葡萄架"，喻体是"巨大的屋顶"，喻词是"像"。

有些比喻句还有个说明成分，解释说明本体和喻体之间的相似点，人们把它称为"喻解"。例如：

我好像一只牛，吃的是草，挤出的是牛奶、血。

"我"是本体，"好像"是喻词，"牛"是喻体。"吃的是草，挤出的是牛奶、血"是喻解。

比喻的主要作用是使所描写的事物更加具体形象，使讲述的道理更加清晰明确，容易理解。

词汇扩展

1．"空"有"没有（内容、结果、东西等）""不切实际""天空"等意思。"时空"有"时间和空间"的意思。猜猜下面词语的意思并造句。

空间：

空想：

空话：

空虚：

空喊：

凭空：

亏空：

一场空：

2．"特"有"不普通""特地""尤其"等意思。猜猜下面词语的意思并造句。

特产：

特定：

特区：

特性：

特色：

　　特长：

　　特等：

　　特技：

　　特权：

　　特效：

　　独特：

　　奇特：

综合练习

一、根据课文回答问题

　　1. 从课文的哪个句子可以看出作者是第一次酿酒？

　　2. 课文中介绍的酿酒过程是怎样的？

　　3. 作者千里迢迢去东山只是为了酿酒吗？为什么？

　　4. 课文中"关键在于选择，你要葡萄？还是美酒？"是什么意思？

二、认一认并组词

　　俏（　　　） 悄（　　　） 消（　　　） 催（　　　） 推（　　　）

　　醒（　　　） 腥（　　　） 惺（　　　） 逝（　　　） 哲（　　　）

　　症（　　　） 证（　　　） 怔（　　　） 添（　　　） 舔（　　　）

　　幕（　　　） 慕（　　　） 募（　　　） 酿（　　　） 粮（　　　）

三、用下列词语填空

　　别着　薄薄　定格　时断时续　入定　还是　片刻

　　夜晚，葡萄们睡了，整个村庄都睡了，我们出去散步。时间不过才八点。细长的马路寂静无人，两旁粉墙黛瓦的建筑也像是入梦了似的，都笼了层（　　　）的雾，在月色里飘浮。树木与晚风的低语（　　　），经过一座小桥，见一群鸡鸭和几只猫像（　　　）了似的，在河畔一动不动。月光照亮了的水面，有一只鸡（　　　）脖子站着，样子很是滑稽，原来，它们也都睡着了。我们轻手轻脚，却（　　　）惊扰了它们的美梦，但它们并不为忤，只是惺忪着眼愣怔（　　　），便又重新（　　　）。

四、上一题的这段话中有没有用比喻和拟人？有的话请写下来并稍做说明

五、模仿下列比喻句造句

1. 妹妹的脸蛋就像苹果一样又圆又红。

_____

2. 人在一个地方住久了，仿佛树生了根似的。

_____

3. 他那健美的身躯，犹如驰驱沙场的战马一样强壮。

_____

六、用指定词语完成句子

1. _____（形容词＋得不能再＋形容词），他应该不会来了。

2. 这个地方古文化非常发达，三大宗教_____（均……于此）。

3. 小狗见到我们很高兴，_____（又是……又是……）。

4. 这里的天气很不好，_____（时而……时而……）。

5. 我很怕他，因为_____（一副……的样子）。

6. 在沙漠里他们迷失了方向，为了活命_____（以……为……）。

7. 他们_____召集大家捐款（以……为……）。

七、模仿下列句子造句

1. 如此简单的劳作让快乐唾手可得，于我，这亦是人生初体验。

_____

2. 鸡们眼明嘴快，飞奔过来啄食，鹅们则是一副事不关己的模样，依然侧目昂然而行。

_____

_____

3. 破坏无疑是邪恶的，然而这种破坏只是为了促成凤凰涅槃。

_____

4. 简单的劳作被赋予了抒情性，变得意味深长，甚至还有点神圣。

_____

5. 凡可追忆的总有它的美好之处，不管它曾是欢乐或是苦难。

_____

6. 酒香浓烈地扑鼻而来，以一种雀跃的姿态，让人心头一喜。

_____

八、根据课文内容填字

第二天一早，我们就去主人的葡萄园摘葡萄。葡萄园（　　）于距东山镇约五公里的一大片（　　）油油的平原上，泥土小路的两旁，种满了银杏树、橘子树、枇杷树、栗子树……据说东山是一块四季都出好水果的（　　）地，电影《摇啊摇，摇到外婆桥》和电视剧《橘子红了》均取（　　）于此，太湖边的一座小岛因此而（　　）名巩俐岛。

九、讨论题：

汉语中有一个词语叫"不破不立"，你觉得生活中"破坏"重要还是"建设"重要？

十、写作：记一件事或写一篇游记

十一、阅读

我在福建的时候，就经常在平凡的山里随意闲走，认识各种树木，听听各种鸟鸣，找几个不知名的昆虫玩玩，鹧鸪和"山梁之雌"经常在我前面飞起，有时也碰到蛇，就用手杖或石块把它赶走。如果走到一座土地堂或山神庙里，就在供桌上拿起一副杯珓，卜个流年。一路走去，经常会碰到砍柴的、伐木的、掘毛笋的、采茶或采药的山农。本来可以和他们谈谈，无奈言语不通，只好彼此点头微笑，这就互相表达了感情。在长汀集市上经常看见一些侏儒。当地人说，在离城二十多里的山坞里有一个村落，是侏儒族聚居的地方，他们是古代闽越人的遗种。由于好奇，我曾按照人们指点的方向，在山径中逶迤行去。虽然没有寻到侏儒村，却使我这一次游山充满了浪漫主义的情调。我仿佛是在做一次人类学研究调查的旅行，沿路所见一切，至少都是秦汉以前的古物。

　　福建有的是溪水，波澜壮阔。比较平衍的称为江；清浅的涧泉，合流于平阳的叫做溪；礁石林立，水势被激荡得奔雷滚鼓，万壑争流的谓之滩。福建的水，以溪为主；溪之胜，以滩为主。我初到福建，乘小船从福州到南平。第一段航程，在闽江中溯流而西，平平稳稳，不动人心。船停在水口，宿了一夜，次日晨起，航行不久，就进入溪滩领域。奔腾急注的白浪洪坡，从乱石堆中冲刷过来，我们的船迂回曲折地迎着急流向前推进。既避过大漩涡，又闪过礁石。我站在船头，就像战争之神马尔斯站在他的战车上，指挥十万大军对更强大的敌人予以迎头痛击。经过七十二个险滩，宛如经过七十二次战役。船到南平城下，我走上码头的石阶，很像胜利者高举血迹斑斓的长剑在进行入城式。读者也许会讥笑我："这是船的胜利，你不过是一个乘客，有何战绩？怎么可以篡夺船的胜利果实？"我说："船是机器，它在各式各样的水中行进，都是没有思想感情的，指挥它和险滩战斗的是人。当然，主要是掌舵的人。我虽然不掌舵，但我的思想感情是和舵工完全一致的。"这就是我到福建以后第一次玩水，觉得极其壮美。

（节选自施蛰存《在福建游山玩水》）

判断正误：

1. 我在福建的时候常去游山玩水。（　　　）

2. 我不会说福建话，无法跟当地人打招呼。（　　　）

3. 福建的山水很美，因此聚集了侏儒族人。（　　　）

4. 福建有很多条溪。（　　　）

5. 作者感觉船穿过一个险滩就像经历一场战役。（　　　）

第三课　风筝

课　文

北京的冬季，地上还有积雪，灰黑色的秃树枝丫叉于晴朗的天空中，而远处有一二风筝浮动，在我是一种惊异和悲哀。

故乡的风筝时节，是春二月，倘听到沙沙的风轮声，仰头便能看见一个淡墨色的蟹风筝或嫩蓝色的蜈蚣风筝。还有寂寞的瓦片风筝，没有风轮，又放得很低，伶仃地显出憔悴可怜模样。但此时地上的杨柳已经发芽，早的山桃也多吐蕾，和孩子们的天上的点缀照应，打成一片春日的温和。我现在在哪里呢？四面都还是严冬的肃杀，而久经诀别的故乡的久经逝去的春天，却就在这天空中荡漾了。

但我是向来不爱放风筝的，不但不爱，并且嫌恶他，因为我以为这是没出息孩子所做的玩艺。和我相反的是我的小兄弟，他那时大概十岁内外罢，多病，瘦得不堪，然而最喜欢风筝，自己买不起，我又不许放，他只得张着小嘴，呆看着空中出神，有时至于小半日。远处的蟹风筝突然落下来了，他惊呼；两个瓦片风筝的缠绕解开了，他高兴得跳跃。他的这些，在我看来都是笑柄，可鄙的。

有一天，我忽然想起，似乎多日不很看见他了，但记得曾见他在后园拾枯竹。我恍然大悟似的，便跑向少有人去的一间堆积杂物的小屋去，推开门，果然就在尘封的什物堆中发现了他。他向着大方凳，坐在小凳上；便很惊惶地站了起来，失了色瑟缩着。大方凳旁靠着一个蝴蝶风筝的竹骨，还没有糊上纸，凳上是一对做眼睛用的小风轮，正用红纸条装饰着，将要完工了。我在破获秘密的满足中，又很愤怒他的瞒了我的眼睛，这样苦心孤诣地来偷做没出息孩子的玩艺。我即刻伸手折断了蝴蝶的一支翅骨，又将风轮掷在地下，踏扁了。论长幼，论力气，他是都敌不过我的，我当然得到完全的胜利，于是傲然走出，留他绝望地站在小屋里。后来他怎样，我不知道，也没有留心。

然而我的惩罚终于轮到了，在我们离别得很久之后，我已经是中年。我不幸偶而看了一本外国的讲论儿童的书，才知道游戏是儿童最正当的行为，玩具是儿童的天使。于是二十年来毫不忆及的幼小时候对于精神的虐杀的这一幕，忽地在眼前展开，而我的心也仿佛同时变了铅块，很重很重地堕下去了。

但心又不竟堕下去而至于断绝，他只是很重很重地堕着，堕着。

我也知道补过的方法的：送他风筝，赞成他放，劝他放，我和他一同放。我们嚷着，跑着，笑着。——然而他其时已经和我一样，早已有了胡子了。

我也知道还有一个补过的方法的：去讨他的宽恕，等他说，"我可是毫不怪你呵。"那么，我的心一定就轻松了，这确是一个可行的方法。有一回，我们会面的时候，是脸上都已添刻了许多"生"的辛苦的条纹，而我的心很沉重。我们渐渐谈起儿时的旧事来，我便叙述到这一节，自说少年时代的胡涂。"我可是毫不怪你呵。"我想，他要说了，我即刻便受了宽恕，我的心从此也宽松了罢。

"有过这样的事么？"他惊异地笑着说，就像旁听着别人的故事一样。他什么也不记得了。

全然忘却，毫无怨恨，又有什么宽恕之可言呢？无怨的恕，说谎罢了。

我还能希求什么呢？我的心只得沉重着。

现在，故乡的春天又在这异地的空中了，既给我久经逝去的儿时的回忆，而一并也带着无可把握的悲哀。我倒不如躲到肃杀的严冬中去罢，——但是，四面又明明是严冬，正给我非常的寒威和冷气。

（作者：鲁迅）

生　词

1. 蜈蚣 wúgōng 　（名）　一种节肢动物，身体由许多体节组成，每一节有脚一对。

2. 瓦 wǎ （名） 用泥土烧成的盖屋顶用的材料。

3. 伶仃 língdīng （形） 孤独，没有依靠。

4. 憔悴 qiáocuì （形） 形容人瘦弱，面色不好看。

5. 吐蕾 tǔ lěi 长出花蕾。

6. 点缀 diǎnzhuì （动） 加以衬托或装饰，使原有的事物更美好。

7. 肃杀 sùshā （形） 形容秋冬天气寒冷，草木枯落。

8. 久经 jiǔ jīng 很早以前已经；经过很长时间。

9. 诀别 juébié （动） 分别（多指不再见面的离别）。

10. 逝 shì （动） （时间、水流等）过去。

11. 荡漾 dàngyàng （动） （水波）一起一伏地动。

12. 嫌恶 xiánwù （动） 厌恶。

13. 出神 chūshén （动） 因精力过度集中而发呆。

14. 缠绕 chánrào （动） 条状物回旋地束缚在别的物体上。

15. 笑柄 xiàobǐng （名） 被人拿来做取笑材料的言行。

16. 可鄙 kěbǐ （形） 令人鄙视。

17. 恍然大悟 huǎngrán-dàwù （成） 形容一下子明白过来。恍然：猛然清醒的样子；悟：心里明白。

18. 堆积 duījī （动） （事物）成堆地聚集。

19. 尘 chén （名） 飞扬的或附在物体上的细小灰土。

20. 什物 shíwù （名） 泛指日常用的衣物及其他零碎用品。

21. 惊惶 jīnghuáng （形） 惊慌。

22. 失色 shīsè （动） ①因惊恐而面色变白。②失去本来的色彩或光彩。

23. 瑟缩 sèsuō （动） 身体因寒冷、受惊而踡在一起并且抖动。

24. 苦心孤诣 kǔxīn-gūyì （成） 费尽心思钻研或经营，达到别人达不到的境地。苦心：费尽心思；孤诣：独自达到的境地。

25. 即刻 jíkè （副） 立刻、马上。

26. 掷 zhì （动） 扔；投。

27. 踏 tà （动） 用脚踩。

28. 扁 biǎn　（形）　物体平而薄。

29. 敌 dí　（动）　对抗；抵挡。

30. 傲然 àorán　（形）　①高傲的样子。②有时褒义，坚强不屈的样子。

31. 正当 zhèngdàng　（形）　合理合法的。

32. 毫不忆及 háo bù yì jí　一点儿也没有想起过。

33. 虐杀 nüèshā　（动）　虐待而致死。

34. 铅 qiān　（名）　一种金属元素。

35. 补过 bǔguò　（动）　弥补过失。如：将功补过。

36. 其时 qí shí　那个时候。

37. 讨 tǎo　（动）　请求；索取。

38. 胡涂 hútu　（形）　同"糊涂"。不明事理；对事物的认识模糊或混乱。

39. 罢 ba　（助）　旧同"吧"。

40. 宽恕 kuānshù　（动）　宽容原谅。

41. 希求 xīqiú　（动）　希望得到。

42. 一并 yībìng　（副）　表示合在一起。

注　释

1. 本文写于 1925 年，原载于《语丝》周刊 1925 年 2 月 2 日第十二期。

2. 鲁迅（1881—1936）姓周，字豫才，原名樟寿，后改名树人。在浙江绍兴出生。1902 年官费留学日本，先学医后学文，致力于民主科学的启蒙宣传。1909 年回国。他以突出的成绩成为"五四"新文化运动的旗手和文学革命的主将。

词语例释

1. 照应　照顾

都有注意、关心、照料的意思。"照顾"侧重于指特别关心和重视，提供较好的、具体的条件，通用于口语和书面语。如：

孩子还小，需要照顾。

公司特别照顾你，让你到大学进一步深造。

"照应"（zhàoying）侧重于照看，含"发生情况及时处理"的意味，程度没有"照顾"重。如：

幸亏有您照应，我们才渡过难关。

你放心吧，孩子有我照应着呢。

此外，"照应"读作 zhàoyìng 时，表示"配合""呼应"。如：

文章应该前后照应。

2. 论

意思是"衡量""评定""比"。如：

论功行赏。

论长幼，论气力，他都敌不过我。

3. 铅块

"铅"原指一种金属，因为软而重，常用来形容心情沉重或步履沉重。如：

我的心也仿佛同时变成了铅块，很重很重地堕下去。

她的心像压着一个铅块高兴不起来。

父亲太累了，走不动了，脚像绑了一个铅块一样重。

4. 讨

① 请求；索取。如：

讨他的宽恕。／讨债公司的工作是讨债。

② 招惹，招引。如：

这孩子很讨人喜欢。

③ 讨论。如：

研讨会明天开始。

④ 出兵打仗。如：

他们决定对敌人进行讨伐。

⑤ 娶。如：

讨个老婆，好过日子。

5. 久经

① 长时间经过。如：

他久经锻炼，当然可以应付这种局面。

② 很久以前已经。如：

那是我久经别离的故乡。

6. 向来　从来

都表示从过去到现在都如此。"向来"多用于肯定句，可修饰单个动词或形容词；"从来"常用于否定句，用在肯定句的时候，一般修饰短语或小句，不修饰单个动词或形容词。如：

交通向来方便。（从来 ×）

他说话向来干脆。（从来 ×）

他向来喜欢红色。（从来 ×）

他从来没有迟到过。

在业务上，他从来就是眼高手低。

在工作上，他从来都是敷衍塞责。

7. 正当

① zhèngdāng

正处在（某个时期或阶段）。如：

正当他手忙脚乱之时，电话铃响了。

② zhèngdàng

合理合法的。如：

你的要求必须正当我才会答应你。

8.玩艺

指"玩具""东西""杂艺"等，也说成"玩意""玩意儿"。如：

如今小孩的玩艺也含高科技。

这种玩意儿，我的老家很多。

有时用于人，有看轻的意思。如：

他是什么玩意儿，也敢来比赛。

9.把握

①作动词，表示"抓住、掌握（抽象的东西）"。如：

把握机会。

②作名词，表示成功的可能性，常作"有"或"没"的宾语。如：

这次考试我没把握。

修辞例释

有一回，我们会面的时候，是脸上都已添刻了许多"生"的辛苦的条纹，而我的心很沉重。

句中"条纹"指的是脸上的皱纹。皱纹一般用"长"这个动词，而本句却用了"刻"。"刻"这个动词的意思是用刀子挖，如"刻石""刻板""刻字"等，这里是把脸当成石头、木板等来写，好像有把刀在上面刻出了许多条纹。这种把人当成物来写是用了一种叫"拟物"的修辞手法，和前面介绍过的"拟人"一样都属于"比拟"。如：

荷叶下面有一个人的脸，下半截身子长在水里。

这里把人的"下半截身子"当植物的干或茎来写，所以说"长在水里"。

拟物有时还可以把一物比作另一物。如：

月亮一露面，满天的星星惊散了。

例中把星星当作有生命的物来写，所以"月明星稀"时，说它被月亮"惊散"。

词 汇 扩 展

1. 补：添加材料，修理破损或补充不完备的东西。

补偿：抵消损失；补足差欠。

补救：纠正差错，设法使缺点或过错不发生影响。

补贴：贴补。如：国家针对农民的生产，给他们发粮食补贴。/ 他利用课余时间挣点儿钱补贴家里。

猜猜下面词语的意思并造句。

补办：

补充：

补考：

补课：

补票：

补习：

补血：

补助：

2. 失："失"有很多义项，常用的有"失掉""丢掉""没有得到"。

失事：发生不幸的事故。

失误：由于不小心或水平不高而造成差错。

失效：失去效力。

失学：因家庭困难或疾病失去上学的机会。

失约：没有履行约会。

失踪：下落不明。

猜猜下面词语的意思并造句。

失败：

失策：

失常：

失传：

失控：

失利：

失色：

失神：

失实：

失算：

失望：

失信：

失职：

失业：

综合练习

一、根据课文回答问题

1.为什么作者说风筝对他是一种悲哀？

2.作者认为故乡的风筝美吗？

3.作者为什么不爱风筝？

4.作者如何对待弟弟的风筝？后来他对那件事有何认识？

5.你认为他的弟弟原谅他了吗？

6.这篇课文的遣词造句与现在我们用的汉语有哪些不同？请举例说明。

二、用课文里的词语填空

1.我是（　　　）不爱放风筝的，（　　　　）不爱，（　　　　）嫌恶他，（　　　　）我以为这是没出息孩子所做的玩艺。和我相反的是我的小兄弟，他那时（　　　　）十岁内外罢，多病，瘦得不堪，（　　　　）最喜欢风筝，自己买不起，我（　　　　）不许放，他（　　　　）张着小嘴，呆看着空中出神。

2.我不幸（　　　）看了一本外国的讲论儿童的书，（　　　　）知道游戏是儿童最（　　　）的行为，玩具是儿童的天使。（　　　　）二十年来毫不忆及的幼小时候对于精神的虐杀的这一幕，（　　　　）在眼前展开，（　　　　）我的心也（　　　　）变成了铅块，很重很重地堕下去了。

三、找出课文中描写作者沉重心情的句子

_____

_____

四、写出句中带下画线的词的同义词

1. 灰黑色的秃树枝丫叉于晴朗的天空中。

2. 倘听到沙沙的风轮声，仰头便能看见许多风筝。

3. 伶仃地显出憔悴可怜模样。

4. 风筝将要完工了。

5. 我即刻伸手折断了蝴蝶的一支翅骨。

6. 后来他怎样，我不知道，也没有留心。

五、填写中心词

寂寞的（　　）　悲哀的（　　）　嫩蓝色的（　　）　憔悴的（　　）

正当的（　　）　轻松的（　　）　可行的（　　）　肃杀的（　　）

六、模仿下列句子造句

1. 我向来不爱放风筝，不但不爱，并且嫌恶它，因为我以为这是没出息孩子所做的玩艺。

_____

2. 论长幼，论力气，他是都敌不过我的。

_____

3. 自己买不起，我又不许放，他只得张着小嘴，呆看着空中出神。

_____

4. 全然忘却，毫无怨恨，又有什么宽恕之可言呢？

_____

5. 四面都还是严冬的肃杀，而久经诀别的故乡的久经逝去的春天，却就在这天空中荡漾了。

_____

七、用指定的词完成句子

1. 他很努力，考试_____（向来）。

2. 他每天坚持跑步，_____（从来）。

3. 这孩子很可爱，_____（讨）。

4. 你应该相信他，他_____（久经）。

5. 孩子们_____（出息），父母就高兴了。

6. 你应该原谅他，因为_____（正当）。

7. 自己一个人在外面生活，_____（留心）。

8. _____（点缀），教室会更加漂亮。

9. 他不是这里的学生，_____（旁听）。

10. 一晚上没睡，_____（憔悴）。

11. 我出去办点事，请_____（照应）。

八、下列句子都运用了比拟的修辞手法，请指出各句是拟人还是拟物

1. 他们打不过我们，早就夹着尾巴跑了。（　　　）

2. 风儿唱着歌，唤醒了沉睡中的大地。（　　　）

3. 我到了自家的房外，我的母亲早已迎着出来了，接着便飞出了八岁的侄儿宏儿。（　　　）

4. 秋天到了，树上金红的果子露出了笑脸，在向我们点头微笑。（　　　）

5. 顽皮的雨滴最爱在雨伞上尽情地跳舞。（　　　）

6. 这些闪电的影子，在大海里蜿蜒游动，一晃就消失了。（　　　）

九、讨论题：哥哥有权力管教弟弟吗？

十、写作：记一件小事

十一、阅读

　　小时候的事情是很值得自己回想的。父母的爱固然是一件永远不能再得的宝贝，但自己的幼年的幻想与情绪也像一朵孤云随着旭日升起以后，飞到天顶，便渐次地消失了。现在所留的不过是强烈的后象，以相反的色调在心头映射着。

　　出世后几年间是无知的时期，所能记的只是从家长们听得关于自己的零碎事情，虽然没什么趣味，却不妨记记实。在公元一八九三年二月十四日，正当光绪十九年十二月二十八的上午丑时，我生于台湾台南府城延平郡王祠边的窥园里。这园是我祖父置的。出门不远，有一座马伏波祠，本地人称为马公庙，称我们的家为马公庙许厝。我的乳母求官是一个佃户的妻子，她很小心地照顾我。据母亲说，她老不肯放我下地，一直到我会在桌上走两步的时候，她才惊讶地嚷出来："丑官会走了！"叔丑是我的小名，因为我是丑时生的。母亲姓吴，兄弟们都称她叫"姬"，是我们几弟兄跟着大哥这样叫的，乡人称母亲为"阿姐"，"阿姨"，"乃娘"，却没有称"姬"的，家里叔伯兄弟们称呼他们的母亲，也不是这样，所以"姬"是我们几兄弟对母亲所用的专名。

姬生我的时候是三十多岁，她说我小的时候，皮肤白得像那刚蜕皮的小螳螂一般。这也许不是赞我，或者是由于乳母不让我出外晒太阳的缘故。老家的光景，我一点印象也没有。在我还不到一周年的时候，中日战争便起来了。台湾的割让，迫着我全家在一八九六年□日（原文空掉日子）离开乡里。姬在我幼年时常对我说当时出走的情形，我现在只记得几件有点意思的，一件是她要在安平上船以前，到关帝庙去求签，问问台湾要到几时才归中国。签诗回答她的大意说，中国是像一株枯杨，要等到它的根上再发新芽的时候才有希望。深信着台湾若不归还中国，她定是不能再见到家门的。但她永远不了解枯树上发新枝是指什么，这谜到她去世时还在猜着。她自逃出来以后就没有回去过。第二件可纪念的事，是她在猪圈里养了一只"天公猪"，临出门的时候，她到栏外去看它，流着泪对它说："公猪，你没有福分上天公坛了，再见吧。"那猪也像流着泪，用那断藕般的鼻子嗅着她的手，低声呜呜地叫着。台湾的风俗男子生到十三四岁的年纪，家人必得为他抱一只小公猪来养着，等到十六岁上元日，把它宰来祭上帝。所以管它叫"天公猪"，公猪由主妇亲自豢养的，三四年之中，不能叫它生气、吃惊、害病等。食料得用好的，绝不能把污秽的东西给它吃，也不能放它出去游荡像平常的猪一般。更不能容它与母猪在一起。换句话，它是一只预备做牺牲的圣畜。我们家那只公猪是为大哥养的。他那年已过了十三岁。她每天亲自养它，已经快到一年了。公猪看见她到栏外格外显出亲切的情谊。她说的话，也许它能理会几分。我们到汕头三个月以后，得着看家的来信，说那公猪自从她去后，就不大肯吃东西，渐渐地瘦了，不到半年公猪竟然死了。她到十年以后还在想念着它。她叹息公猪没福分上天公坛，大哥没福分用一只自綦的圣畜。故乡的风俗男子生后三日剃胎发，必在囟门上留一撮，名叫"囟鬌"。长了许剪不许剃，必得到了十六岁的上元日设坛散礼玉皇上帝及天宫，在神前剃下来。用红线包起，放在香炉前和公猪一起供着，这是古代冠礼的遗意。

（节选自许地山《我的童年》）

回答问题：

1. 我的小名为什么叫"丑叔"？

2. 我们管母亲叫什么？这个称呼是怎么来的？

3. "天公猪"是什么？用来干什么的？

第四课　汉语词汇的变化

课　文

语言的变化涉及语音、语法、词汇三方面。词汇联系人们的生活最为紧密，因而变化也最快，最显著。有些字眼随着旧事物、旧概念的消失而消失。例如《诗经·鲁颂》的《駉》这一首诗里提到马的名称就有 16 种，这是因为马在古代人生活里占重要位置，特别是那些贵族很讲究养马。这些字绝大多数后来都不用了。别说诗经时代，清朝末代离现在才几十年，翻开那时候的小说像《官场现形记》之类来看看，已经有很多词非加注不可了。

有些字眼随着新事物新概念的出现而出现。古代席地而坐，没有专门供人坐的家具，后来生活方式改变了，坐具产生了，"椅子""凳子"等字眼也就产生了。椅子有靠背，最初就用"倚"字，后来才写做"椅"。"凳子"最初借用"橙"字，后来才写做"凳"。桌子也是后来才有的，古代的"几""案"，都是很矮的，适应席地而坐的习惯，后来坐高了，几案也不得不加高，于是有了新的名称，最初就叫"卓子"（"卓"高而直立的意思），后来才把"卓"写做"桌"。

外来的事物带来了外来语。虽然汉语对于外来语以意译为主，音译词（包括部分译音的）比重较小，但是数目也还是可观的。比较早的有葡萄、茉莉、苹果、菠菜等等，近代的像咖啡、可可、柠檬、巧克力、冰淇淋、白兰地、啤酒、卡片、沙发、芭蕾舞等等，都是极常见的。由现代科学和技术带来的外来语就更多了，像化学元素的名称就是一大半是译音的新造字，此外像摩托车、马达、卡车、拖拉机、雷达、尼古丁等等，都已经进入一般语汇了。

随着社会的发展、生活的改变，许多字眼意义也起了变化。比如有了桌子之后，"几"就只用于"茶几"，连炕上摆的跟古代的"几"十分相似的东西也叫做"炕桌儿"，不叫做"几"了。又如"床"，古代本是坐卧两用的，所以最早的坐具，类似现在的马扎的东西，叫做"胡床"，后来演变成了椅子，床就只指专供睡觉用的家具了。连"坐"字的意义，古代和现代也不完全一样[1]：古人席地而坐，两膝着席，跟跪差不多，所以《战国策》里说伍子胥"坐行蒲服，乞食于吴市"[2]，坐行就是膝行（蒲服即匍匐）；要是按现代的坐的姿势来理解，又是坐着又是走，那是绝对不可能的。

再举两个名称不变而实质已变的例子。"钟"本是古代的乐器，后来一早一晚用钟和鼓报时，到了西洋的时钟传入中国，因为它是按时敲打的，尽管形状不同，也管它叫钟，慢慢地时钟不再敲打了，可是钟的名称不变，这就跟古代的乐器全不相干了。"肥皂"的名称出于皂角树，从前把它的荚果捣烂搓成丸子，用来洗脸洗澡洗衣服，现在用的肥皂是用油脂和碱制成的，跟皂角树无关。肥皂在北方又叫"胰子"，胰子原来也是一种化妆用品，是用猪的胰脏制成的，现在也是名同实异了。

也有一些字眼的意义变化或者事物名称改变，跟人们的生活不一定有多大关系。比如"江"原来专指长江，"河"原来专指黄河，后来都由专名变成通名了。又如"菜"，原来只指蔬菜，后来连肉类也包括进去，到菜市场去买菜或者在饭店里叫菜，都是荤素全在内。这都是词义扩大的例子。跟"菜"相反，"肉"原来指禽兽的肉，现在在大多数地区如果不加限制词就专指猪肉，这是词义缩小的例子（"肉"最初不用于人体，后来也用了，在这方面是词义扩大了）。"谷"原来是谷类的总名，现在北方的"谷子"专指小米，南方的"谷子"专指稻子，这也是词义缩小的例子。

词义也可以转移。比如"涕"，原来指眼泪，《庄子》里说："哭泣无涕，中心不戚"[3]，可是到汉朝已经指鼻涕了，王褒[4]《僮约》里说："目泪下，鼻涕长一尺"[5]。又如"信"，古代只指送信的人，现在的信古代叫"书"，《世说新语》："俄而谢玄淮上信至，谢安看书竟，默默无言。"[6]"信"和"书"的分别是很清楚的。后来"信"由音信的意思转指书信，而信使的意思必得和"使"字连用，单用就没有这个意思了。

　　词义也会弱化。比如"很"，原来就是凶狠的"狠"，表示程度很高，可是现在已经一点也不狠了，例如"今天很冷"不一定比"今天冷"更冷些，除非"很"字说得特别重。又如"普遍"，本来是无例外的意思，可是现在常听见说"很普遍"，也就是说例外不多，并不是毫无例外。

　　如果我们换一个角度来看事物怎样改变了名称，那么首先引起我们注意的是，像前边分析《战国策》那一段文字的时候已经讲过的，很多古代的单音词现代都多音化了。这里再举几个人体方面的例子："耳"成了"耳朵"，"眉"成了"眉毛"，"鼻"成了"鼻子"，"发"成了"头发"。有的是一个单音词换了另外一个单音词，例如"首"就成"头"（原来同义），"口"变成"嘴"（原来指鸟类的嘴），"面"变成"脸"（原来指颊），"足"变成"脚"（原来指小腿）。有些方言里管头叫"脑袋""脑壳"，管嘴叫"嘴巴"，管脸叫"面孔"，管脚叫"脚板""脚丫子"，这又是多音化了。

　　动词的例子：古代说"食"，现代说"吃"；古代说"服"或"衣"，现代说"穿"；古代说"居"，现代说"住"；古代说"行"，现代说"走"。形容词的例子：古代的"善"，现代叫"好"；古代的"恶"，现代叫"坏"；古代的"甘"，现代叫"甜"；古代的"辛"，现代叫"辣"。

　　字眼的变换有时候是由于忌讳：或者因为恐惧、厌恶，或者因为觉得说出来难听。管老虎叫"大虫"，管蛇叫"长虫"，管老鼠叫"老虫"或"耗子"，是前者的例子。后者的例子如"大便""小便""解手""出恭"（明朝考场里防止考生随便进出，凡是上厕所的都要领块小牌子，牌子上写着"出恭入敬"）。

（作者：吕叔湘；节选自《语言的演变》）

生　词

1. 涉及 shèjí　（动）　牵涉到；关联到。

2. 紧密 jǐnmì　（形）　十分密切。

3. 显著 xiǎnzhù （形） 非常明显。

4. 字眼 zìyǎn （名） 用在句子中的字或词语。

5. 概念 gàiniàn （名） 人类在认识事物的过程中，把所感觉到的事物的共同特点抽出来，加以概括，就成为概念。

6. 駉（繁体） （名） jiōng 〈书〉①骏马。②马肥壮的样子。

7. 占 zhàn （动） ①处于某种地位或属于某种情形。如：占优势，占多数。②占据。如：强占、占座位。

8. 加注 jiā zhù 加注释。

9. 席地而坐 xídìérzuò （成） 指以地为席，坐在地上。

10. 供 gōng （动） 指提供某种可利用的条件（给对方利用）。

11. 倚 yǐ （动） 靠着。

12. 几 jī （名） 小桌子：茶几。

13. 案 àn （名） 一种旧式长桌。

14. 意译 yìyì （动） 根据某种语言词语的意义译成另一种语言的词语，与"音译"相对。

15. 可观 kěguān （形） ①指达到的程度比较高。②值得看。

16. 炕 kàng （名） 北方用砖、土坯等砌成的睡觉用的长方台，下面有洞，可以烧火取暖。

17. 马扎 mǎzhá （名） 一种可以折叠合拢的，便于携带的小型坐具。

18. 演变 yǎnbiàn （动） 发展变化（指时间较长的）。

19. 膝 xī （名） 大腿和小腿相连的关节的前部，通称膝盖。

20. 席 xí （名） 用草或竹等编成的片状物，用来铺炕、床、地或搭棚子等。

21. 匍匐 púfú （动） 趴在地上；爬行。

22. 姿势 zīshì （名） 身体做出的样子。

23. 实质 shízhì （名） 本质。

24. 报时 bào shí 报告时间。

25. 荚果 jiáguǒ （名） 豆类植物的果实。有一层狭长形的外皮包裹着，成熟时外皮裂成两片。

26. 捣烂 dǎolàn　用棍子把物体砸碎。

27. 搓 cuō　（动）　用手来回揉擦。

28. 丸子 wánzi　（名）　圆而小的东西。

29. 油脂 yóuzhī　（名）　液态的油和固态的脂肪的统称。

30. 碱 jiǎn　（名）　化合物的一类。

31. 胰子 yízi　（名）〈方言〉①肥皂。②猪羊等的胰。

32. 胰脏 yízàng　（名）　胰。人和高等动物体内的腺体之一。

33. 名同实异 míng tóng shí yì　名字相同而实质不同。

34. 通名 tōngmíng　（名）　通常的名称。

35. 荤素 hūn sù　荤菜和素菜。

36. 禽 qín　（名）　鸟类动物。

37. 兽 shòu　（名）　哺乳类动物。

38. 稻子 dàozi　（名）　稻谷,重要的粮食作物之一,去壳后就是大米。

39. 颊 jiá　（名）　脸的两侧。

40. 脑壳 nǎoké　（名）〈方言〉头。

41. 脚丫子 jiǎoyāzi　（名）〈方言〉脚。

42. 忌讳 jìhuì　（动）　因风俗习惯或个人原因等,对某些言语或举动有所顾忌,不愿说或做,久了就成为禁忌。

43. 厌恶 yànwù　（动）　对人或事产生很大的反感。

44. 耗子 hàozi　（名）　老鼠。

45. 出恭 chūgōng　（动）　排泄大小便。

注　释

1. 连"坐"字的意义,古代和现代也不完全一样:前面把"坐"算在古今意义一致的字里边,这里又说古今也不完全一样,是因为:"坐"作为身体动作的一种状态,区别于"立""卧"等,古今一致;但"坐"的方式或姿势则古今不同。字义方面这种情形是常见的。例如"书",古今样式不同,但作为供人阅读的文字记载是古今一致的。

2.坐行蒲服，乞食于吴市：趴在地上爬行，在吴国的集市要饭。

3.哭泣无涕，中心不戚：如果哭泣没有泪水，那么心里就不那么悲伤。

4.王褒：字子渊，蜀资中（即现在四川资阳北）人。西汉辞赋家。

5.目泪下，鼻涕长一尺：眼睛流下眼泪，鼻子流下一尺长的鼻涕。

6.俄而谢玄淮上信至，谢安看书竟，默默无言：一会儿谢玄从淮水战场上派出的信使到了，谢安看完信后，沉默不语。

词 语 例 释

1.最为

在同学中，他们的关系最为密切。

目前，就业问题最为引人注目。

2.别说

① 通过降低对某人、某事的评价，借以突出另外的人或事物。如：

别说孩子，就是成人也不一定能拿得起。

别说我，就是专家也不知道。

② 不要说。如：

别说这件事了，说点别的吧。

别说我了，说说你吧。

3.……之类

他的书架上都是哲学之类的书。

那些专家之类的，很多都是空有其名。

他说些之乎者也之类的话，让人听不懂。

4.以……为主

学生应该以学习为主。

学习以实践为主。

家里以妈妈的观点为主。

5. 相干　不相干

"有关系""没有关系"。如：

相干人等，一律到操场集合。

我喜欢这样做，与你有何相干？

这件事与我们不相干。

这次事故与机器设备不相干。

6. 管

①介词，与"把"相似。如：

尽管形状不同，我们也管它叫"钟"。

我们老家管母亲叫"娘"。

②动词。管理；管教；过问。如：

他管这个公司。

这事不是我们管的。

你的孩子太淘气了，请管一管他。

③介词，与"向"相似。如：

他总是管我借钱。

词 汇 扩 展

管：有"管理""担任""过问""保证"等意思。"管保"有"保证""担保"的意思。猜猜下面词语的意思并造句。

管理：

管制：

管事：

保管：

不管：

管束：

管辖：

管用：

管闲事：

综合练习

一、回答问题

1.语言的变化包括哪几个方面？其中哪个方面变化最快？为什么？

2.为何马在古代有多种称号？

3.我们知道每个事物或概念的出现总有一个新词语出现，现代科技在古代是没有的，你能举出几个现代新出现的词语吗？

4.由于全球化的影响，近年来外来语在汉语中大量出现，且音译的较多，你能举出几个例子吗？

5.请举几个例子说明现代汉语的词汇意义与古代汉语不大相同。

6.现代汉语中有时因为忌讳而使用别的词语代用，你能举几个例子吗？

二、认一认并组词

涉（   ）步（   ）讳（   ）伟（   ）直（   ）置（   ）

加（   ）咖（   ）俱（   ）惧（   ）橙（   ）登（   ）

椅（   ）倚（   ）炕（   ）坑（   ）跪（   ）诡（   ）

乞（   ）吃（   ）姿（   ）资（   ）执（   ）势（   ）

哭（   ）器（   ）胰（   ）姨（   ）妆（   ）装（   ）

稻（   ）滔（   ）戚（   ）威（   ）忌（   ）意（   ）

三、用下列词语填空

紧密　显著　概念　占　供　可观　演变　绝对　不相干　包括

1.该课题在大家的（   ）合作下，取得了（   ）成果。

2.我们的产品虽然只（   ）市场的20%，但前景很好。

3.这件事和我们（   ）。

4.我们学校有师生员工5000人，（   ）临时工。

5. 二楼有个咖啡室，（　　　　）教师休息用。

6. 静止是相对的，运动是（　　　　）的。

7. 这里面（　　　　）有什么秘密。

8. 汉字经过长时期的（　　　　），有好多字的发音已经变化了。

9. 公司经过改革取得了（　　　　）的经济效益。

10. 请解释下列（　　　　）。

四、用指定的词语完成句子

1. 日常用品与人们的生活最为紧密，＿＿＿＿＿＿＿＿＿＿（因而）。

2. ＿＿＿＿＿＿＿＿＿＿＿＿＿＿＿（别说），就是大人也不一定知道。

3. 最初人们用车表示意义，＿＿＿＿＿＿＿＿＿＿＿＿（后来）。

4. ＿＿＿＿＿＿＿＿＿＿＿（随着），人们的生活也有了很大变化。

5. 如果我们换一个角度去看这个问题，＿＿＿＿＿＿＿＿＿（那么）。

6. ＿＿＿＿＿＿＿＿＿＿＿（从前），现在我却把它当成珍品。

7. 有些东西在人们的心中是十分重要的，＿＿＿＿＿＿＿（特别是）。

五、根据课文内容填字

随（　）社会的发展、生活的改变，许多字眼的意义也起了变化。比如有了桌子之后，"几"就只用于"茶几"，连炕上摆的跟古代的"几"十分相似的东西也叫做"炕桌儿"，不叫做"几"了。又如"床"，古代（　）是坐卧两用的，所以最早的坐具，类（　）现在的马扎的东西，叫做"胡床"，后来演变成了椅子，床就只指专供睡觉用的家具了。连"坐"字的意义，古代和现代也不完全一样：古代席地而（　），两膝着席，跟跪差不多，所以《战国策》里说伍子胥"坐行蒲服，乞食于吴市"，坐行就是膝行（蒲服即匍匐）；要是按现代的坐的姿势来理解，又是坐着（　）是走，那是绝对不可能的。

再举两个名称不变而实质已变的例子。"钟"本是古代的乐器，后来一早一晚用钟和鼓报时，到了西洋的时钟传入中国，因为它是按时敲打的，尽（　）形状不同，也管它叫钟，慢慢地时钟不再敲打了，可是钟的名称不变，这就跟古代的乐器全不相（　）了。"肥皂"的名称出于皂角树，从前把它的荚果捣烂搓成丸子，用来洗脸洗澡洗衣服，现在用的肥皂是用油脂和碱制成的，跟皂角树无关。肥皂在北方又叫"胰子"，胰子原来也是一种化妆用品，是用猪的胰脏制成的，现在也是名同实异了。

六、模仿下列句子造句

1.语汇联系人们的生活最为紧密，因而变化也最快，最显著。

_____

_____

2.有些字眼随着旧事物、旧概念的消失而消失。

_____

_____

3.就是说例外不多，并不是毫无例外。

_____

_____

4.如果我们换一个角度来看事物怎样改变了名称，那么首先引起我们注意的是：单音词的多音化。

_____

_____

5.字眼的变换有时候是由于忌讳：或者因为恐惧、厌恶，或者因为觉得说出来难听。

_____

_____

七、填词，仔细体会它们在语段中的作用

可以说　再没有　然而　即　则　正是　而且　从而

所有动物当中，人类是唯一追求过剩的物种。除人以外（　　　）哪个物种谋求有余，它们都饱食（　　　）止，不特意贪求多余。也许（　　　）这种对过剩有余的追求才成就了人类文明。原始人类狩猎有余，死（　　　）储之，活则畜之，畜多方能成牧，（　　　）完成了由狩猎到畜牧文明方式的重大演进。（　　　），没有"过剩"也就不能成其为现在的人类，也就不能发展人类文明。（　　　），过分追求过剩也会助长奢侈。在所有生物物种中只有人类这种灵长目人科动物滋生了奢侈，（　　　）社会越发达，人们的"不满足感"也越强烈，它所激发的奢侈欲也越是膨胀，由此可见，奢侈是人类独有的病态，而且它与人类本性直接相关。

八、讨论题：汉字改革要不要用拼音代替汉字

九、写作：题目自拟，学习汉语的体会或学习过程中的小故事

十、阅读

浅谈汉语的简洁性

汉字自古到今最具有系统性和逻辑性，同时也是世界上唯一一种只需要用眼睛看看就能思考，即使口语不同也能理解的文字。汉字不仅能表达复杂丰富的意思，同时还非常简洁。

简单说来，汉语的简洁与汉语以单音节词和双音节词为主的关系最大。有一个统计材料说，在汉语日常生活用语中，单音节词出现率占61%，双音节词出现率占37%，词的平均长度为1.48个音节。汉语的双音节词，多数是像"科技""秀丽"之类的复合词，其中两个音节都是有意义的"词根"。因此，对汉语来说，几乎每一个音节，或者说绝大多数音节，皆有表意作用，这自然是非常经济、节省的了。但要注意，对词语音节简短的汉语来说，必须具有克服同音混淆的能力，才能成为高效的交际工具。同音混淆是世界上所有语言面对的大敌。拼音文字解决同音混淆的办法，一般是增加词语的音节，此外别无良策，所以，遇上现代语言中新词迅速增加，音节增多怎能避免？英语如此，法语如此，德语也如此。汉语的词语之所以音节简短，是因为解决同音混淆的途径，除了与英语等一样依靠语音区别外，又多了一个办法，就是汉字的字形区别作用。随便列举一些同音词，如"肃静"与"素净"；"就是"与"旧式"；"著名"与"注明"；"案件"与"暗箭"等，只要一见汉字，皆不会有同音混淆。在听广播或听老师讲课时，可以根据上下文，立刻确定与语音对应的汉字，马上避免同音混淆。

就汉语的简洁性而言，固然还与其修辞特点和汉民族的思维习惯等因素密切有关，可这里也是离不开汉字的优越性。因此，完全可以这样认为，汉语今天这样简洁，是汉民族长期使用汉字的结果。仅解决同音混淆这一点，如果使用拼音文字，就要给汉语带来许多麻烦，它就决不会像现在这样简洁。汉语之所以简洁，还因为它构词灵活。

构词灵活是指只需应用数量有限的汉字，足以构造人们所需要的应有尽有的词语。

为什么常用字数量不多，却能构造出词义明确、复杂丰富的词语呢？这就依靠了汉字的优越性。汉字是一音一义一字，所以用它来构词非常方便有效而经济。如"美丽""秀丽""俏丽""艳丽""富丽"等，只需变动其中一个字，便见词义中彼此细微差别。又如，有的双音词只需倒置字序，便成另一个词。"工人""人工"；"为人""人为"；"孙子""子孙"；"女子""子女"等，皆是如此。现代汉语中出现了一些词缀。常见的词缀只需用一个汉字就行，如"作者""读者""学者"中的"者"。之所以如此，主要利用了汉字音、形、义相统一这个特点。现代汉语中增加了许多以前从未有过的新词，如"电灯""电话""电讯""航空""航天""太空"等。它们都利用现成的常用汉字构成，不必另造新字；而且既顾"音"，又顾"义"，十分方便。安先生特别提到翻译名词如"激光""立交桥"等，认为这类词一旦用汉字来构造，词义就变得清晰而易于了解，都比英语高妙。需要另造新字的情况是很少的，大概仅以化学名词为多。总之，汉语由于有汉字的帮助，因而具有很强的构词能力。与古代语相比，现代汉语增加了许多双音节词，词汇总量激增，然而常用字的数量却是减少，构词能力反而增强了。由此带来方便而节约的效益，人们乐享其成幸运无比。

（选自刘光裕《浅谈汉语的简洁性》）

判断正误：

1. 汉语的简洁性与汉字的关系最大。（　　　）

2. 汉语几乎每个音节都有表意作用。（　　　）

3. 汉语必须克服同音混淆，才能成为高效的交际工具。（　　　）

4. 汉语的整洁是汉民族长期使用汉字的结果。（　　　）

5. 汉字的优越性表现在它的一音一义一字。（　　　）

6. 即使是新词也可以用常用汉字构成而不需要再造新字。（　　　）

第五课　媒体报道二则

课　文

（一）人类已跨入基因时代

1953 年，沃森和克里克[1]推开了"基因"的大门。就像 26 个英文字母能拼出无数的单词一样，他们发现，脱氧核糖核酸（DNA）是由 4 个被称为碱基的较小分子通过不同的反复排列，组成了人体的所有基因。基因负责把指令传给细胞，制造形成细胞的基本材料蛋白质。

现在已经知道，如果基因调控过程出现差错，就会发生疾病，包括已知的 3500 种遗传疾病以及癌症和自身免疫性疾病。也就是说，所有的疾病，都可以通过基因阐明病情。例如，当指挥细胞分裂的基因发生了突变，癌症就爆发了。

目前正在研究中的利用基因使细胞抵抗艾滋病毒的方案不下数十种；癌基因已经进入医院作为诊断的工具；一大批新基因的发现已开始为男性不育、多发性硬化等疾病作出了解释；血友病、肌肉营养不良、心脏病、精神病已能使用基因测试，甚至在出生前就能检测出来。

但是，人类约有 5 万种基因，目前被确认的只有 2200 多种。全世界的科学家开始了雄心勃勃的进军，希望在 15 年内，耗资 30 亿美元，完成"人类基因组规划"。可以预言，一旦描绘出"人类基因组"蓝图，医生给我们看病所使用的治疗手段，将超出任何人的想象。

与此同时，生物学家也在发动一场生物技术革命，他们借鉴"人类基因组规划"，也在绘制"动植物基因图"。由于有了新的基因标志，靠考察胚胎和细幼的染色体，就可以知道一种生物具有什么基因。育种专家将能很快找到抗疾病、抗虫害和提高产量的理想基因，很容易发现哪些种相互交配可产生最理想的新物种。人们将不再经三四代，只要一代就可育出新种，而且不产生非自然的遗传工程生物。农作物和牲畜的品种改良速度将大大加快。

（摘自《北京晚报》，有删节）

1. 基因 jīyīn （名） 生物体携带和传递遗传信息的基本单位。

2. 脱氧核糖核酸 tuōyǎnghétánghésuān （名） 分子中含有脱氧核糖的一类核酸，是储藏、复制和传递遗传信息的主要物质基础。英文缩写为DNA。

3. 碱基 jiǎnjī （名） 在生物化学中又称核碱基，是脱氧核糖核酸的重要组成部分。

4. 指令 zhǐlìng （名） 指示；命令。

5. 细胞 xìbāo （名） 生物体的结构和功能的基本单位。

6. 蛋白 dànbái （名） ①指蛋白质。是构成生物体活质的最重要部分，是生命的基础，种类很多。②蛋中透明的胶状物质，包在蛋黄周围，由蛋白质组成。

7. 调控 tiáokòng （动） 调整控制。

8. 免疫 miǎnyì （动） 由于具有抵抗力而不患某种传染病，通常分为先天性免疫和获得性免疫两种。

9. 阐明 chǎnmíng （动） 阐述说明。

10. 艾滋病 àizībìng （名）获得性免疫缺陷综合征的通称，是一种传染病。英文缩写为AIDS。

11. 诊断 zhěnduàn （动） 检查并推断病情。

12. 多发性 duōfāxìng 具有发病率较高的性质。

12. 硬化 yìnghuà （动） （物体）由软变硬。

13. 血友病 xuèyǒubìng （名） 一种先天性出血性疾病。身体各部位容易出血且不易凝固。

14. 进军 jìnjūn （动） （军队）出发向目的地前进。

15. 耗资 hàozī （动） 耗费资财，也就是用掉资金的意思。

16. 蓝图 lántú （名） 比喻建设计划。

17. 借鉴 jièjiàn　（动）　跟别的人或事进行比较，以便学习经验或吸取教训。

18. 绘制 huìzhì　（动）　用笔或类似笔的东西做出图形。

19. 胚胎 pēitāi　（名）　①在母体内初期发育的动物体。②比喻事物的萌芽。

20. 细幼 xì yòu　很小；未长成。

21. 育种 yùzhǒng　（动）　用人工方法培育动植物的新品种。

22. 交配 jiāopèi　（动）　雌雄动物发生性的行为；植物的雌雄生殖细胞相结合。

23. 生物 shēngwù　（名）　有生命的物体，包括动物、植物和微生物三大类。

24. 牲畜 shēngchù　（名）　家畜。指人类为了经济或其他目的而驯养的兽类，如猪、牛、羊、马、猫、狗等。广义的也包括鸡、鸭等禽类。

25. 改良 gǎiliáng　（动）　去掉事物的个别缺点，使它更好或更符合要求。

（二）中国数字经济规模已达 31 万亿元

在网络基础设施建设不断发展的背景下，我国数字经济也取得了较快发展。4 月 2 日，记者从国新办召开的发布会获悉，目前数字中国建设在进展和成效上主要体现在以下几个方面：一是网络基础设施建设实现了跨越式发展。光纤宽带用户加速推进，截至去年底，我国光缆总长度达 4358 万公里，4G 网络覆盖持续扩大，4G 用户总数达到 11.7 亿户，全年净增 1.69 亿户，5G 核心技术研发和标准制定取得突破。二是大数据发展和应用加快推进。一批基础性、战略性的基础数据库已经建成并投入使用。目前，中央和国家机关 62 个部门、31 个省区市和新疆生产建设兵团全面接入国家数据共享交换平台。三是数字经济蓬勃发展，有力助推供给侧结构性改革[2]。据有关机构测算，到去年底，我国数字经济规模达到了 31 万亿元，占 GDP 的三分之一。"互联网 +"行动扎实推进。四是北斗三号基本系统建成并提供全球服务，包括"一带一路"沿线国家和地区在内的世界各地均可享受到北斗系统服务。

此外，电子政务建设取得重大突破，"互联网＋政务服务"持续助推"放管服"改革[3]，涌现出一大批"最多跑一次"、"不见面审批"等改革典型；惠民便民的信息服务日益丰富，网络提速降费效果快速显现，农村电商、网络扶贫向纵深发展；数字经济国际合作成果丰硕，中国率先提出的《G20 数字经济发展与合作倡议》和《"一带一路"数字经济国际合作倡议》落地实施，信息基础设施共建共享、电子政务发展都取得了明显成效。

杨小伟介绍，在推进数字中国建设中，我国将加强核心技术突破，集中力量补齐短板，进一步增强自主创新能力，强化战略性前沿技术的超前布局，加快创新成果的转化。同时，推动信息基础设施优化升级，全面推动新一代信息基础设施建设，提高网络供给能力，进一步完善 5G 商用准备，全网络推动 IPv6 进程。另外，大力发展数字经济，进一步推动数字产业化和产业数字化，加快推动数字经济和实体经济的融合发展。

（摘自东方财富网）

生　词

1. 国新办 guó xīn bàn　中华人民共和国国务院新闻办公室的简称。

2. 获悉 huòxī　（动）（书信、电文等用语）得到消息知道（某事或某情况）。

3. 光纤 guāngxiān　（名）　光导纤维的简称。

4. 宽带 kuāndài　（名）　数字通信中通常指传输速率超过 2 兆比特／秒的带宽。

5. 截至 jiézhì　（动）　截止到（某个时候）。

6. 光缆 guānglǎn　（名）　一种大容量光信号传输线路。

7. 覆盖 fùgài　（动）　遮盖、掩盖，也指空中某点发出的电波笼罩下方一定范围的地面。

8. 核心 héxīn　（名）　中心；（事物的）主要部分。

9. 大数据 dàshùjù　（名）　大规模数据的集合。

10. 机关 jīguān　（名）　原指整个机械的关键部分，后引申为周密的计谋，现代社会中经常用机关一词代指政府职能部门。

11. 蓬勃 péngbó　（形）　繁荣；旺盛。

12. 扎实 zhāshi　（形）　①（工作、学问等）实在；踏实。　②结实。

13. 政务 zhèngwù　（名）　关于政治方面的事务，也指国家的管理工作。

14. 惠民 huì mín　给人民好处。

15. 纵深 zòngshēn　（名）　地域纵直方向的深度（多用于军事上）。泛指政治运动的深度。如：运动正在向纵深发展。

16. 短板 duǎnbǎn　（名）　原指在箍成木桶的许多块木板中，影响木桶盛满水的较短的那块木板，比喻事物的薄弱环节。

17. 前沿 qiányán　（名）　原指防御阵地最前面的边沿。比喻科学研究中最新或领先的领域。

18. 布局 bùjú　（动）　原指下棋时从全局观点出发来布置棋子。后引申为对事物的规划安排。

注　释

1. 沃森（James Dewey Watson），美国著名科学家；克里克（Francis Harry Compton Crick），英国著名科学家。1953 年沃森和克里克建立 DNA 双螺模型，打开了探索生命之谜的大门。由于沃森、克里克和威尔金斯在 DNA 分子研究方面卓越的贡献，他们分享了 1962 年的诺贝尔生理学及医学奖。

2. 供给侧结构性改革，就是从提高供给质量出发，用改革的办法推进结构调整，矫正要素配置扭曲，扩大有效供给，提高供给结构对需求变化的适应性和灵活性，提高全要素生产率，更好满足广大人民群众的需要，促进经济社会持续健康发展。

3. "放管服"改革：放管服，就是简政放权、放管结合、优化服务的简称。"放"即简政放权，降低准入门槛。"管"即创新监管，促进公平竞争。"服"即高效服务，营造便利环境。

词语例释

1. 目前　眼前

都有"目前"的意思。"目前"侧重于"说话的时候正发生"，常用于较庄严或重大的事；"眼前"侧重于"（问题）就在你的面前"，可以是近期、现在、正在发生的事，口语词。如：

他没工作，又没钱，眼前（目前）就可能吃不上饭。

先把眼前（目前）的事解决了吧！

眼前（目前）的问题是没有那么多的粮食。

目前他们正在研究癌症的治疗方案。

到目前为止，人们还没有完全认识人体的奥秘。

不能只顾眼前利益。

"眼前"还有"眼睛的前面""面前"的意思，而"目前"没有这个意思。如：

一站起来，眼前一片漆黑。

他觉得妈妈的音容笑貌就在眼前。

2. 遗传　遗留

都有留传下来的意思。"遗传"指上一辈留给下一辈，多用于身体基因，使用范围较小；"遗留"指以前的事物或现象继续存在或流传下来，使用范围较广。如：

他遗传了他父亲的大鼻子。

过去遗留下来的问题很多。

唐诗是前人遗留给我们的宝贵财富。

3. 由于　因为

都可以作介词和连词，都表示原因。"由于"带有书面语色彩。

①介词，后面带的是名词或名词短语，作宾语。如：

运动会由于（因为）天气的关系延迟了。

因为一句话，他们分手了。

②连词。如：

由于（因为）季节变换很快，很多人感冒了。

因为她跑得太慢，所以没赶上车。

注意：连词"因为"可以用在后一小句中，但连词"由于"不能。如：

这里不能开课，因为没有教师。（由于 ×）

事情还没有处理，因为我们还没有接到有关方面的通知。（由于 ×）

4. 应用　运用

都有在具体活动中使用的意思。"运用"指按事物特性加以利用，侧重于灵活使用所学的东西，多用于立场、观点、方法、原则、规律、原理、思想等抽象事物。如：

他对英语的语法已经达到运用自如的程度。

运用正确的理论和方法解决问题。

"应用"指使用，侧重于为某种需要而使用，多用于具体事物或知识、原则、观点、理论、文章、成果等抽象事物。如：

把优选法应用于工农业生产。

学习理论的目的在于应用它。

此外，"应用"还可以作形容词，指直接用于生活、工作、生产的。如：

这是一本同义词应用词典。

医学是应用科学。

请写一篇应用文。

5. 根本　基本

① 名词，事物的根源，最重要的部分。"根本"前面可加"从""自"等词，"基本"前面不能加。如：

问题从根本上得到了解决。（基本 ×）

② 形容词，"根本"表示"最重要的""起决定性作用的"；"基本"表示"最基础的""起码应该有的"，有时前面可以加数量词。如：

经济是国家强盛的根本保证。

水是生存的基本条件。

环境保护是我国的一项基本国策。

③ 副词，"根本"的意思为"彻底"，"基本"的意思是"大体上"。如：

问题已经根本解决。（全部解决）

问题已经基本解决。（绝大部分解决了）

做副词时"根本"还有"本来""从头到尾""完全""始终"的意思，常用于否定句；"基本"没有这些意思。如：

我根本没去过上海。

他根本不认识我。

我根本没想到他会来。

6. 涌现　出现

"涌现"强调"大量出现"，多用于好的、含积极意义的事物，具有书面语色彩。"出现"侧重于"从没有到有"，常用词，使用范围广。如：

最近网络上出现了许多新的词语。

他的病越来越重了，最近出现了头痛。

城市里涌现出大量的好人好事。

过去的日子突然涌现在我的眼前。

7. 实施　实行

都指用实际行动来达到目的。"实施"侧重指施行，为使规章、法令、计划、措施等发生效力而做。如：

本条例自今日起实施。

应当制定一些措施以保证二胎政策的实施。

"实行"侧重于实现，为使理论上的东西变为现实而做，常用于政策、计划、制度等。如：

中国的改革开放政策是从 1978 年开始实行的。

自从实行了末位淘汰制，很多人都感到压力大。

8. 持续　连续

都有"不断"的意思。"持续"侧重于同一事件或动作坚持较长时间；"连续"侧重于指事物或事件连绵不断，一个接一个。如：

这场战争持续了两年。

中国经济持续发展，对全世界都有好处。

体操运动员连续做了几个漂亮的动作。

工厂因为厂长不在连续出现事故。

词汇扩展

1. 解：有"分开""明白""解释""解决"的意思。"解除"有"去掉""消除"的意思。猜猜下面词语的意思，并造句。

解答：

解放：

解雇：

解恨：

解禁：

解散：

解说：

解脱：

解围：

2. 遗：有"留下""丢失"的意思。"遗产"有"前辈留下的财产"的意思。猜猜下面词语的意思，并造句。

遗留：

遗失：

遗憾：

遗嘱：

遗漏：

遗忘：

不遗余力：

综合练习

一、回答问题

1. 目前，基因在医学上的主要利用价值是什么？

2. 目前，在利用基因方面受到限制的主要原因是什么？

3. 为什么要绘制"人类基因组"蓝图？

4. 中国的数字经济达到了什么样的规模？

5. 目前数字中国建设主要在哪几个方面取得了进展和成效？

6. 电子政务建设取得了哪些重大突破？

二、认一认并组词

碱（   ）减（   ）免（   ）兔（   ）爆（   ）瀑（   ）

诊（   ）珍（   ）检（   ）验（   ）畜（   ）蓄（   ）

疏（   ）蔬（   ）倍（   ）陪（   ）径（   ）经（   ）

载（   ）栽（   ）牲（   ）姓（   ）幼（   ）幻（   ）

三、根据课文内容填字

目前正在研究中的利用基（   ）使细胞抵抗艾滋病毒的方案不下数十种；癌基因已经进入医院作（   ）断的工具；一大批新基因的发现已开始为男性不育、多发性硬化等疾病作出了解释；血友病、肌肉营养不良、心脏病、精神病已能使用基因测试，甚（   ）在出生前就能检测出来。

但是，人类约有 5 万种基因，目前被确认的只有 2200 多种。全世界的科学家开始了雄心勃（   ）的进军，希望在 15 年内，（   ）资 30 亿美元，完成"人类基因组规划"。可以预言，一旦描绘出"人类基因组"蓝图，医生给我们看病所使用的治疗手段，将超出任何人的想象。

与此同时，生物学家也在发动一场生物技术革命，他们（　　）鉴"人类基因组规划"，也在绘制"动植物基因图"。由于有了新的基因标志，靠考察胚胎和细幼的染色体，就可以知道一种生物（　　）有什么基因。育种专家将能很快找到抗疾病、抗虫害和提高产量的理想基因，很容易发现哪些种相互交配可产生最理想的新物（　　）。人们将不再经三四代，只要一代就可育出新种，而且不产生非自然的遗传工程生物。农作物和牲畜的品种改良速度将大大加快。

四、词语搭配

1. 阐明　　　　　　　　　a. 理论

2. 检测　　　　　　　　　b. 图像

3. 研究　　　　　　　　　c. 程序

4. 压缩　　　　　　　　　d. 局限

5. 分析　　　　　　　　　e. 资料

6. 识别　　　　　　　　　f. 道路

7. 传递　　　　　　　　　g. 信号

8. 阻塞　　　　　　　　　h. 问题

9. 下载　　　　　　　　　i. 数据

10. 突破　　　　　　　　　j. 病情

五、用指定的词语完成句子

1. 仔细分析情况，＿＿＿＿＿＿＿＿＿＿＿＿＿＿＿＿＿＿＿＿（从而）。

2. 他记了一遍又一遍，＿＿＿＿＿＿＿＿＿＿＿＿＿＿＿（直到……为止）。

3. 科学家们正在研究小波理论，＿＿＿＿＿＿＿＿＿＿＿＿＿（以……）。

4. 他的发现，＿＿＿＿＿＿＿＿＿＿＿＿＿＿＿＿＿＿＿（由……组成）。

5. ＿＿＿＿＿＿＿＿＿＿＿＿＿＿＿（目前），但是还不能充分利用它。

6. ＿＿＿＿＿＿＿＿＿＿＿＿＿＿＿＿（一旦），我们就马上通知你。

7. 人类对太空的探索，＿＿＿＿＿＿＿＿＿＿＿＿＿＿＿＿（将……）。

六、模仿下列句子造句

1. 现在已经知道，由于基因调控过程出现差错，就会发生疾病，包括已知的 3500 遗传疾病以及癌症和自身免疫性疾病。也就是说，所有的疾病，都可以通过基因阐明病情。例如，当指挥细胞分裂的基因发生了突变，癌症就爆发了。

_____

_____

2. 人们将不再经三四代，只要一代就可育出新种，而且不产生非自然的遗传工程生物。

_____

3. 与此同时，生物学家也在发动一场生物技术革命，他们借鉴"人类基因组规划"，也在绘制"动植物基因图"。

_____

_____

4. 就好比阅读一篇外语文章，倘若有一本专门为这篇文章准备的词典，阅读起来就会倍觉方便。

_____

5. 记者从国新办召开的发布会获悉，经测算，到去年底，我国数字经济规模达到了 31 万亿元，占 GDP 的三分之一。

_____

_____

6. 在推进数字中国建设中，我国将加强核心技术突破，集中力量补齐短板，进一步增强自主创新能力，强化战略性前沿技术的超前布局，加快创新成果的转化。

_____

7. 到时，人们不仅能以更短的时间来进行网上购物或下载网上图像，也可以更方便快捷。

_____

_____

8. DNA 是由 4 个被称为碱基的较小分子通过不同的反复排列，组成了人体的所有基因。

_____

_____

七、讨论题

手机给人类带来的利弊是什么？

八、阅读

在科学史上，有许多重要的科学发明是因偶然事件的出现，瞬间使发明人受到启发而找到途径导致侥幸成功的，如人们知道的摄影技术、放射现象、糖精和 X 光的发现就是这样。

达盖尔玩胶片发现了摄影术。1838 年，这位法国物理学家开始研究如何想办法令影像保留在胶片上，但研究多时，仍不得要领。有一天，他正在暗室摆弄手中的空白胶片，突然发现一影像出现在胶片上。这个奇怪现象让他着迷，于是他将附近的化学物品逐一挪开，看看究竟是什么东西造成了这个结果，多次耐心比较后他终于发现了这个大功臣，原来是一支温度计打破后遗留下来的水银在作怪。达盖尔重复显像试验百分之百地成功，于是摄影技术便从此诞生并开始延伸，真可谓"踏破铁鞋无觅处，得来全不费功夫"。

贝克勒尔开抽屉一刹那发现放射现象。1896 年，这位法国物理学家偶然打开抽屉时发现，一些在黑暗中放了数天的底片变得模糊了，令他沮丧，要是在科学发达的今天，他当然会想到那是辐射在作怪。但在当时，他却无法明了。于是他决定找出其中原因。经过七找八找，最后他终于发现，是那个摆在底片旁边的小瓶子所造成的，因为那瓶子里面装有铀元素。这就是现在物理学所说的铀原子自然衰变，衰变的辐射能让胶片感光。贝克勒尔揭示了伟大的放射现象，可是他自己却觉得好气、好笑又好玩。

法尔贝里一口尝出糖精的存在。1879 年，法尔贝里只是化学系的一名在校生。化学课老师让他对一种与甲苯（toluene）有关的焦油状物质进行分析。由于他好玩儿，把原来在家里养成的毛病也带到了实验室，他把这种东西拿到嘴里去尝，发现这种东西具有甜味，就这一尝，他发明了震惊世界的糖精（Saccharin）。另外有种代糖也是偶然情况下发现的。1937 年，美国伊利诺大学一名学生在点燃一根香烟时，突然从烟丝中尝到一种甜味，结果发现这是一种叫"环己基氨基磺酸酯"的物质，可以用它代替糖的甜味。

古德伊尔一时疏忽发明硫化橡胶。这位美国人一直想把普通橡胶进行改良，欲使其韧性更强、弹性更好，以便于使用。1844 年的一天，他漫不经心地把橡胶与硫磺粉末搅和，移动时不慎将这种混合物撒在了火炉上，他担心这种混合物会遇高温熔化甚至燃烧，他尽快移开火炉让它变冷，结果发现这个经过高温加热的硫化橡胶，竟然像发面面包那样弹性大大增加。由于自己的过错，他对这个意外惊喜保持十分低调。然而后来用它制造的硫化橡胶轮胎却遍布了全世界大大小小各种等级公路。

克罗托插竹签发现了碳元素结构。1985 年，科学家克罗托和他的同事在研究太空深处碳元素时，发现有一种碳分子是由 60 枚碳原子所组成的，它有极高的对称性，形状像一个足球，而且它比其他碳分子更加稳定，不易破坏。在确定如何分析这个分子的结构时，克罗托想起了他曾利用竹签和铁丝插出过一个由五边形和六边形组成的星空框架模型，似乎与这个分子结构有着某些相似之处，于是便带领研究人员利用这个思路对它进行研究，结果证实碳 60 球分子的确是由多个五边形和六边形交织而成的。这种碳分子化学名称叫 Buckminsterfullerine，克罗托根据它的小足球形状给它起了个绰号叫 Buckyball。

（选自魏廷锐《伟大发明在你身边》）

回答问题：

1. 摄影术、放射现象、糖精等是怎么发现的？

2. 举例说明你对"伟大的发明在你身边"这句话的理解。

第六课　北京的春节

课　文

　　按照北京的老规矩，过农历[1]的新年（春节），差不多在腊月[2]的初旬就开头了。"腊七腊八，冻死寒鸦"，这是一年里最冷的时候。可是，到了严冬，不久便是春天，所以人们并不因为寒冷而减少过年与迎春的热情。在腊八那天，人家里，寺观里，都熬腊八粥。这种特制的粥是为祭祖祭神的，可是细一想，它倒是农业社会的一种自傲的表现——这种粥是用所有的各种的米，各种的豆，与各种的干果（杏仁，核桃仁，瓜子，荔枝肉，桂圆肉，莲子，花生米，葡萄干，菱角米……）熬成的。这不是粥，而是小型的农业展览会。

　　腊八这天还要泡腊八蒜。把蒜瓣在这天放到高醋里，封起来，为过年吃饺子用的。到年底，蒜泡得色如翡翠，而醋也有了些辣味，色味双美，使人要多吃几个饺子。在北京，过年时，家家吃饺子。

　　从腊八起，铺户中就加紧地上年货，街上加多了货摊子——卖春联的、卖年画的、卖蜜供的、卖水仙花的等等都是只在这一季节才会出现的。这些赶年的摊子都叫儿童们的心跳得特别快一些。在胡同里，吆喝的声音也比平时更多更复杂起来，其中也有仅在腊月才出现的，像卖宪书的、松枝的、薏仁米的、年糕的等等。

　　在有皇帝的时候，学童们到腊月十九日就不上学了，放年假一月。儿童们准备过年，差不多第一件事是买杂拌儿。这是用各种干果（花生、胶枣、榛子、栗子等）与蜜饯掺合成的，普通的带皮，高级的没有皮——例如：普通的用带皮的榛子，高级的就用榛瓤儿。儿童们喜吃这些零七八碎儿，即使没有饺子吃，也必须买杂拌儿。他们的第二件大事是买爆竹，特别是男孩子们。恐怕第三件事才是买玩艺儿——风筝，空竹，口琴等——

和年画儿。

儿童们忙乱，大人们也紧张。他们须预备过年吃的使的喝的一切。他们也必须给儿童赶做新鞋新衣，好在新年时显出万象更新的气象。

二十三日过小年，差不多就是过新年的"彩排"。在旧社会里，这天晚上家家祭灶王，从一擦黑儿鞭炮就响起来，随着炮声把灶王的纸像焚化，美其名曰送灶王上天。在前几天，街上就有多少多少卖麦芽糖与江米糖的，糖形或为长方块或为大小瓜形。按旧日的说法：用糖粘住灶王的嘴，他到了天上就不会向玉皇报告家庭中的坏事了。现在，还有卖糖的，但是只由大家享用，并不用粘灶王的嘴了。

过了二十三，大家就更忙起来，新年眨眼就到了啊。在除夕以前，家家必须把春联贴好，必须大扫除一次，名曰扫房。必须把肉、鸡、鱼、青菜、年糕什么的都预备充足，至少足够吃用一个星期的——按老习惯，铺户多数关五天门，到正月初六才开张。假若不预备下几天的吃食，临时不容易补充。还有旧社会里的老妈妈们，讲究在除夕把一切该切出来的东西都切出来，省得在正月初一到初五再动刀，动刀剪是不吉利的。这含有迷信的意思，不过它也表现了我们确是爱和平的人，在一岁之首连切菜刀都不愿动一动。

除夕真热闹。家家赶做年菜，到处是酒肉的香味。老少男女都穿起新衣，门外贴好红红的对联，屋里贴好各色的年画，哪一家都灯火通宵，不许间断，炮声日夜不绝。在外边做事的人，除非万不得已，必定赶回家里，吃团圆饭，祭祖。这一夜，除了很小的孩子，没有什么人睡觉，而都要守岁。

元旦的光景与除夕截然不同：除夕，街上挤满了人；元旦，铺户都上着板子，门前堆着昨夜燃放的爆竹纸皮；全城都在休息。

男人们在午前就出动，到亲戚家、朋友家去拜年。女人们在家中接待客人。同时，城内城外有许多寺院开放，任人游览，小贩们在庙外摆摊，卖茶、食品和各种玩具。北城外的大钟寺、西城外的白云观、南城的火神庙（厂甸）是最有名的。可是，开庙最初的两三天，并不十分热闹，因为人们还正忙着彼此贺年，无暇及此。到了初五六，庙会开始风光起来，小孩们特别热心去逛，为的是到城外看看野景，可以骑毛驴，还能买到那些新年特有的玩具。白云观外的广场上有赛轿车、赛马的，在老年间，据说还有赛骆驼的。这些比赛并不争取谁第一谁第二，而是在观众面前表演骏马与骑者的美好姿态与娴熟技能。

多数的铺户在初六开张，又放鞭炮，从天亮到清早，全城的炮声不断。虽然开了张，可是除了卖吃食与其他重要日用品的铺子，大家并不很忙，铺中的伙计们还可以轮着去逛庙，逛天桥和听戏。

元宵（汤圆）上市，新年的高潮到了——元宵节（从正月十三到十七）。除夕是热闹的，可是没有月光；元宵节呢，恰好是明日当空。元旦是体面的，家家门前贴着鲜红的春联，人人穿着新衣裳，可是它还不够美。元宵节，外处悬灯结彩，整条的大街像是办喜事，火炽而美丽。有名的老铺都要挂出几百盏灯来，有的一律是玻璃的，有的清一色是牛角的，有的都是纱灯；有的各形各色，有的通通彩绘全部《红楼梦》或《水浒传》故事。这在当年，也就是一种广告：灯一悬起，任何人都可进到铺中参观；晚间灯中点上烛，观者就更多。这广告可不庸俗。干果店在灯节还要作一批杂拌儿生意，所以每每独出心裁的，制成各样的冰灯，或用麦苗作成一两条碧绿的长龙，把顾客招来。

除了悬灯，广场上还放花盒。在城隍庙里并且燃起火判，火舌由判官的泥像的口、耳、鼻、眼中伸吐出来。公园里放起天灯，像巨星似的飞到天空。

男男女女都出来踏月、看灯、看焰火；街上的人拥挤不动。在旧社会里，女人们轻易不出门，她们可以在灯节里得到些自由。

小孩子们买各种花炮燃放，即使不跑到街上去淘气，在家中也照样能有声有光地玩耍。家中也有灯：走马灯——原始的电影——宫灯，各形各色的纸灯，还有纱灯，里边有小铃，到时候就叮叮地响。大家还必须吃汤圆呀。这的确是美好快乐的日子。

一眨眼，到了残灯末庙，学生该去上学，大人又照常做事，新年在正月十九结束了。腊月和正月，在农村社会里正是大家最闲在的时候，而猪牛羊等也正长成，所以大家要杀猪宰羊，酬慰一年的辛苦。过了灯节，天气转暖，大家就又去忙着干活了。北京虽是城市，可是它也跟着农村社会一齐过年，而且过得分外热闹。

在旧社会里，过年是与迷信分不开的。腊八粥、关东糖、除夕的饺子，都须先去供佛，而后人们再享用。除夕要接神；大年初二要祭财神，吃元宝汤（馄饨），而且有的人要到财神庙去借纸元宝，抢烧头股香；正月初八要给老人们顺星、祈寿。因此，那时候最大的一笔浪费是买香蜡纸马的钱。现在，大家都不迷信了，也就省下这笔开销，用到有用的地方去。特别值得提到的是现在的儿童只快活地过年，而不受那迷信的熏染，他们只有快乐，而没有恐惧——怕鬼怕神。也许，现在过年没有以前那么热闹了，可是多么清醒健康呢。以前，人们过年是托神鬼的庇佑；现在是大家劳动终岁，大家也应当快乐地过年。

（作者：老舍[3]）

生 词

1. 规矩 guīju　①（名）一定的标准、法则或习惯。②（形）（行为）端正老实；符合标准或常理。

2. 腊月 làyuè　（名）　农历十二月。

3. 初旬 chūxún　（名）　每月的第一个十天。

4. 寒鸦 hányā　（名）　鸟名，乌鸦的一种。

5. 寺观 sìguàn　（名）　佛寺和道观的统称。观：道教的庙。

6. 熬 áo　（动）　把粮食等放在水里，用小火久煮。

7. 祭 jì　（动）　祭祀。备供品（主要是吃的）向神佛或祖先行礼，表示崇敬并祈求保佑。

8. 自傲 zì'ào　（形）　自以为有本领而骄傲。

9. 荔枝 lìzhī　（名）　一种水果。

10. 桂圆 guìyuán　（名）　也称龙眼。一种水果。

11. 莲子 liánzǐ　（名）　莲的种子。

12. 菱角 língjiǎo　（名）　菱的果实，也指菱。菱：一种水生草本植物。

13. 小型 xiǎoxíng　（形）　体积小或规模小。

14. 蒜 suàn　（名）　也叫大蒜。一种植物，它的鳞茎可以做调味品，也可以入药。

15. 翡翠 fěicuì　（名）　一种玉石。

16. 水仙花 shuǐxiānhuā　花名，可养在水中。

17. 赶年 gǎn nián　准备过年。

18. 吆喝 yāohe　（动）　大声喊叫（多指卖东西、赶牲口、呼唤等）。

19. 宪书 xiànshū　（名）　即历书，按照一定历法排列年、月、日、节气、纪念日等供查考的书。

20. 松枝 sōngzhī　（名）　松树的枝条儿。

21. 薏仁米 yìrénmǐ　（名）　即薏米。去了壳的薏苡的果仁，可食用及药用。薏苡：一种草本植物。

22. 榛子 zhēnzi　（名）　榛树的果实，可食用。

23. 掺合 chānhuo　（动）　同"掺和"。把不同的东西掺杂混合在一起。

24. 瓤儿 rángr　（名）　瓜类和果实的肉；泛指某些皮或壳里包着的东西。

25. 万象更新 wànxiàng-gēngxīn　（成）　一切事物或景象变换成新的。万象：宇宙间的一切事物或景象。更新：旧的去了，新的来到；除去旧的，换成新的。

26. 彩排 cǎipái　（名）　正式演出前的化装排演。

27. 灶王 zàowáng　（名）　灶神。民间在锅灶附近供的神，认为他掌管一家的祸福财气。

28. 擦黑儿 cāhēir　（动）　天色开始黑下来。

29. 焚化 fénhuà　（动）　烧掉（尸骨、神像、纸钱等）。

30. 美其名曰 měiqímíngyuē　（成）　给予一个好听的名字叫……

31. 眨眼 zhǎyǎn　（动）　眼睛快速地一闭一睁。常用来形容时间很短。

32. 通宵 tōngxiāo　（名）　整夜。

33. 间断 jiànduàn　（动）　事情中断，不连续。

34. 万不得已 wànbùdéyǐ　（成）　实在没有办法，不得不这样。

35. 截然不同 jiérán-bùtóng （成） 形容完全不同。截然：界限分明地。

36. 无暇 wúxiá （动） 没有空闲的时间。

37. 毛驴 máolǘ （名） 驴，多指身体矮小的驴。

38. 老年间 lǎoniánjiān （名） 很早以前；古时候。

39. 骡 luó （名） 骡子。驴和马交配所生的杂种。

40. 悬灯结彩 xuándēng-jiécǎi （成） 挂着灯笼，系着彩球、彩带。形容节日、喜庆的景象。悬：挂。彩：彩球、彩带。

41. 火炽 huǒchì （形） 旺盛；热闹。

42. 清一色 qīngyīsè （形） 全部由一种成分构成或全部一个样子。

43. 彩绘 cǎihuì ①（动） 用彩色绘画。②（名） 器物、建筑物等表面的彩色图画。

44. 庸俗 yōngsú （形） 不高尚；不高雅。

45. 独出心裁 dúchū-xīncái （成） 原指诗文的构思有独到的地方。后泛指想出来的办法与众不同。

46. 城隍 chénghuáng （名） 传说中主管某个城市的神。

47. 火判 huǒpàn （名） 城隍旁边的小神。

48. 宫灯 gōngdēng （名） 八角或六角形的灯。原为宫廷使用，因此得名。

49. 残灯末庙 cándēng mòmiào 形容事情快要结束，到了尾声。末庙：庙会的最后一天。

50. 酬慰 chóuwèi （动） 慰劳。酬：用财物报答。慰：使人心情安适。

注　释

1. 农历：中国的传统历法，也叫阴历。

2. 腊月：农历十二月。腊七腊八：农历十二月初七初八。

3. 老舍：原名舒庆春，字舍予，生于北京（1899—1966），满族人，我国现代最著名的小说家、戏剧家之一。他的作品多取材于城市下层居民生活，有浓厚的北京地方色彩和强烈的生活气息，诙谐幽默，风格独特。代表作有长篇小说《骆驼祥子》、中篇小说《月牙儿》、剧本《茶馆》等。

词 语 例 释

1. 倒是

① 表示跟一般情理相反。如：

不该来的来了，该来的倒是没来。

② 表示事情不是那样（含责备意思）。如：

他说得倒是容易，让他来做。

③ 表示出乎意料。如：

没想到给了他新房，他倒是有意见起来。

④ 表示让步。如：

好倒是好，就是太贵了。

⑤ 表示转折。如：

房间不大，倒是收拾得很整齐。

⑥ 用来缓和语气。如：

如果你要，我倒是还有一些。

⑦ 表示催促或追问。如：

你到底去了没去？你倒是说呀！

2. 赶

① 追。如：

你追我赶。

② 加快行动。如：

赶任务 / 赶路

③ 去，到（某处）。如：

赶集 / 赶考

④ 驾驭。如：

赶马车

⑤ 驱逐。如：

把围观的人赶开。

⑥遇到（某种情况）。如：

　　到他们家的时候，正赶上他们吃饭。

⑦〈口〉介词，用在时间前面表示等到某个时候。如：

　　赶明儿我们也买个电视。

3. 使

①用，使用。如：

　　这支笔很好使。

②让，致使。如：

　　办事要使群众满意。

③奉命办事的人。如：

　　大使 / 特使

4. 美其名曰

给一个好听的名字叫……常含名不副实的意味。如：

　　他们用公款出国旅游，美其名曰考察。

　　他心烦的时候常常打孩子出气，还美其名曰教育孩子。

5. 彼此

①这个和那个，双方。如：

　　他们的关系很好，简直不分彼此。

②客套话，表示大家一样。如：

　　A：您辛苦啦!

　　B：彼此彼此。

6. 临时　暂时

都有短时间之内的意思。如：

　　这个东西我们只是临时（暂时）借用一下。

"临时"还指"事情发生的那个时间"，"暂时"则没有此意。如：

　　考试前没准备，临时想不出来。

7. 清一色　一律

都有"都一样"的意思。如：

　　学生清一色（一律）都穿校服。

"清一色"侧重于"构成成分一致或样子、颜色相同"，如：

　　今年流行红色，街上清一色的红裙子。

　　公司职员清一色都是韩国人

"一律"强调"没有例外，相同"。如：

　　学生们一律考试入学。

　　那些文章千篇一律，没有什么意思。

修辞例释

1. 这不是粥，而是小型的农业展览会。

这句话的意思是"这不像粥，而像小型的农业展览会"，是一个比喻句。这里没有用"像""如"等常见的喻词，使得本体和喻体的相类关系不太明显，因此这类比喻叫"暗喻"或"隐喻"。暗喻最常用的喻词为"是"，如：

　　顾客是上帝。

　　时间就是金钱。

此外，暗喻的喻词还有"为""成为""变成""当作"等。如：

　　春天到了，大地变成了一片绿毯。

　　到夜晚，整座城市就成了灯的海洋。

2. 小孩子们买各种花炮燃放，即使不跑到街上去淘气，在家中也照样能有声有光地玩耍。

这句话中的"淘气"和"玩耍"都是"玩儿"的意思，我们也可以说"小孩子们买各种花炮燃放，即使不跑到街上去玩儿，在家中也照样能有声有光地玩儿"。这里作家用不同的词来表述相同或相近的意思，是为了使词语富于变化，增加话语的艺术性。修辞上这叫"同义避复"。例如：

　　于警官牺牲9年后，又一名警官陈建平也献出了年仅25岁的生命。他是在与毒贩枪战时"光荣"的。

例句中"献出……生命"、"光荣"和"牺牲"是一样的意思。但如果三个地方都用"牺牲"就显得太单调了，表达效果也会受影响。

词汇扩展

1. 规：有"规则""劝告"的意思，因此可推断出"规避"的意思是"（不触犯规定）设法避开"。猜猜下面词语的意思，并造句。

规格：

规范：

规章：

规律：

规劝：

2. 临：有"靠近""将要""来到"的意思，因此可推断出"临别"的意思是"将要分别"。猜猜下面词语的意思，并造句。

临近：

临街：

临场：

临终：

临头：

临危：

综合练习

一、根据问题回答

1. 按北京的习惯，春节从什么时候就开始过了？

2. 为什么说腊八粥是小型农展会？

3. 为什么过年要穿新衣服？

4. 什么时候祭灶？为什么要祭灶？

5. 除夕、元宵是什么时候，有什么庆祝活动？

6. 作者通过几件庆祝活动来写北京的春节？

二、认一认并组词

寒（　　）塞（　　）腊（　　）醋（　　）旬（　　）询（　　）

祭（　　）蔡（　　）傲（　　）熬（　　）蜜（　　）密（　　）

喝（　　）渴（　　）饯（　　）践（　　）吉（　　）桔（　　）

截（　　）裁（　　）暇（　　）假（　　）贩（　　）版（　　）

炽（　　）织（　　）淘（　　）掏（　　）要（　　）耍（　　）

三、用下列词语填空

万象更新　　临时　　迷信　　万不得已　　截然不同　　轮流

清一色　　一律　　美其名曰　　充足　　讲究　　体面

1. 他不是长期在这里工作，只是_____代替朋友一下。

2. 对不起，不是故意为难你，实在是_____。

3. 奇怪，这个班怎么是_____的女生？

4. 去爬山，必须准备_____的水，否则，_____没地方买。

5. 虽然他们是双胞胎，可是他们的性格却_____。

6. 那些人用公款出国旅游，_____出国考察。

7. 中学生_____不可以结婚。

8. 春节，我们_____值班。

9. 不要_____专家。

10. 春天是_____的季节。

11. 要做好花灯是有_____的。

12. 他希望把婚礼办得_____些。

四、用下列词语完成句子

1. _____（按……说），他应该会来。

2. 这个班有 30 个留学生，_____（其中）。

3.（随着）_____，生活水平也有很大提高。

4. 除非没有公交车，_____（否则）。

5. 老同学见面_____（必定）。

6. 我要做完作业才去玩，＿＿＿＿＿＿＿＿＿＿＿＿＿＿＿＿＿（省得）。

7. 星期日，博物馆会开放，＿＿＿＿＿＿＿＿＿＿＿＿＿＿＿＿＿（任）。

8. 过年须准备很多吃的，＿＿＿＿＿＿＿＿＿＿＿＿＿＿＿＿＿（至少）。

9. 他利用那些孤儿到处要钱，＿＿＿＿＿＿＿＿＿＿＿＿＿（美其名曰）。

五、模仿下列句子造句

1. 按照北京的老规矩，过农历的新年（春节），差不多在腊月的初旬就开头了。

　　按照老家的习惯，过了十六岁，差不多就是大人了。

＿＿＿＿＿＿＿＿＿＿＿＿＿＿＿＿＿＿＿＿＿＿＿＿＿＿＿＿＿＿＿

2. 到了严冬，不久便是春天，所以人们并不因为寒冷而减少过年与迎春的热情。

　　到了七月，不久就可以放假，所以学生们并不因为期末考试而影响心情。

＿＿＿＿＿＿＿＿＿＿＿＿＿＿＿＿＿＿＿＿＿＿＿＿＿＿＿＿＿＿＿

3. 这种特制的粥是为祭祖祭神的，可是细一想，它倒是农业社会的一种自傲的表现。

　　他这句话是生气时说的，可是细一想，倒是也有一些道理。

＿＿＿＿＿＿＿＿＿＿＿＿＿＿＿＿＿＿＿＿＿＿＿＿＿＿＿＿＿＿＿

4. 在胡同里，吆喝的声音也比平时更多更复杂起来，其中也有仅在腊月才出现的，像卖宪书的、松枝的、薏仁米的、年糕的等等。

　　在陌生的环境里，困难比平时更多更麻烦，其中有些在平时根本不会出现的，像语言不通、迷路等等。

＿＿＿＿＿＿＿＿＿＿＿＿＿＿＿＿＿＿＿＿＿＿＿＿＿＿＿＿＿＿＿

＿＿＿＿＿＿＿＿＿＿＿＿＿＿＿＿＿＿＿＿＿＿＿＿＿＿＿＿＿＿＿

5. 假若不预备下几天的吃食，临时不容易补充。

　　假若不仔细问清楚，临时不容易弄明白。

＿＿＿＿＿＿＿＿＿＿＿＿＿＿＿＿＿＿＿＿＿＿＿＿＿＿＿＿＿＿＿

6. 除非万不得已，必定赶回家来，吃团圆饭，祭祖。

　　除非万不得已，他必定会回来给你过生日。

＿＿＿＿＿＿＿＿＿＿＿＿＿＿＿＿＿＿＿＿＿＿＿＿＿＿＿＿＿＿＿

7. 家家门前贴着鲜红的春联，人人穿着新衣裳。

　　学生们个个都在准备考试，人人都很忙。

_____

8. 即使不跑到街上去淘气，在家中也照样能有声有光地玩耍。

　　即使不上班，在家里也照样忙得团团转。

_____

9. 这的确是美好快乐的日子。

　　这的确是个好消息。

_____

10.北京是城市，可是它也跟着农村社会一起过年，而且过得分外热闹。

　　他是个大学生，可是他也跟农民一起睡在炕上，而且睡得很香。

_____

六、根据课文内容填字

　　过了二十三，大家就更忙起来，新年眨（　　）就到了啊。在除（　　）以前，家家必须把春联（　　）好，必须大扫除一次，名曰扫房。必须把肉、鸡、鱼、青菜、年糕什么的都预备充足，至少足够吃用一个星期的——按（　　）习惯，铺户多数关五天门，到正月初六才开张。假若不预备下几天的吃食，临时不容易补充。还有旧社会里的老妈妈们，讲究在除夕把一切该切出来的东西都（　　）出来，省得在正月初一到初五再动刀，动刀剪是不吉利的。这含有迷信的意思，不过它也表现了我们确是爱和平的人，在一岁之首连切菜刀都不愿动一动。

　　除夕真热闹。家家（　　）做年菜，到处是酒肉的香味。老少男女都穿起新衣，门外贴好红红的对联，屋里贴好各色的年画，（　　）一家都灯火通宵，不许间断，炮声日夜不绝。在外边做事的人，除非万不得（　　），必定赶回家来，吃团圆饭，祭祖。这一夜，除了很小的孩子，没有什么人睡觉，而都要（　　）岁。

七、找找下面这段话哪里用了暗喻

我对着镜子再侧身一转，不禁倒吸一口冷气：天哪，瞧这小肚子，简直是"岳麓山"哪！每到这时，我就羡慕起小国汤加的女人了，汤加人以肥为美，那里的女人是多么幸运啊，少女们甚至要催肥待嫁，不胖还不行呢。

八、找出下面这段话中含有"看"这个意思的词，并说说这些词用得恰当不恰当

正在院子里看书的小明，不时地朝大门外瞅。妈妈走过来说："看书要聚精会神，不能东张西望，心不在焉。眼睛要盯住书本。"这时，大胖抱着足球从门缝里探进半个脑袋，正好被小明的妈妈瞥见，她狠狠地瞪了他一眼。大胖哪敢正眼瞧，一溜烟跑了。

九、讨论题：节假日的意义是什么？

十、写作：写一篇介绍传统风俗的文章

十一、阅读

农历正月初一是春节，又叫阴历（农历）年，俗称"过年"。这是中国民间最隆重、最热闹的一个古老传统节日。春节是汉族最重要的节日。然而，中国是个多民族的国家，除汉族外，还有满、蒙古、瑶、壮、白、高山、赫哲、哈尼、达斡尔、侗、黎等十几个少数民族也有过春节的习俗。春节的历史很悠久，它起源于殷商时期年头岁尾的祭神祭祖活动。古代的春节叫"元日"、"元旦"、"新年"。辛亥革命后，才将农历正月初一正式定名为春节。

"春节"顾名思义就是春天的节日。春天来临，万象更新，新一轮播种和收获季节又要开始。人们有足够的理由载歌载舞来迎接这个节日。于是，节前就在门脸上贴上红纸黄字的新年寄语。当春姑娘来到门口时，会念一遍寄托新一年美好愿望的句子，这一念，好运真的来了。同样寓意的事情还有挂大红灯笼和贴"福"字及财神像等，"福"字还必须倒贴，路人一念"福倒了"，也就是"福到了"。

　　春节的另一名称叫过年。"年"是什么呢？是人们想象中的动物。"年"在大年三十出来吃人，谁碰到"年"可能就活不过大年三十。"年"怕响，怕红色，所以用鞭炮轰，于是有了燃鞭炮和过年穿红色衣服的习俗。

　　春节是个亲人团聚的节日，这一点和西方的圣诞节很相似。离家的孩子这时要不远千里回到父母家里。真正过年的前一夜叫团圆夜，家人要围坐在一起包饺子。饺子的做法是先和面，"和"字就是"合"；饺子的饺和"交"谐音，"合"和"交"又有相聚之意，所以用饺子象征团聚了。过年还吃年糕，意为"一年更比一年高（好）"。

　　节日喜庆气氛要持续一个月。正月初一前有祭灶、祭祖等仪式；节中有给儿童压岁钱、亲朋好友拜年等典礼；节后半月又是元宵节，其时花灯满城，游人满街，盛况空前。元宵节过后，春节才算结束了。

（网络文章，有改编，见 http://news.sohu.com/20050204/n224241650.shtml)

综合练习

回答问题：

1. 春节是怎么来的？
2. "过年"的由来是什么？
3. 说出三个以上关于春节的风俗习惯。
4. 请根据短文内容提出一些问题，互问互答。

第七课　牛郎织女

课　文

　　牛郎织女[1]是我国最有名的一个民间传说，是我国人民最熟悉的关于星的故事。这个故事是谁最先说出来的？什么时候开始在民间流传？这两个问题不晓得已经有人考证出来没有。南北朝[2]写成的《荆楚岁时记》里有这么二段："天河之东，有织女，天帝[3]之子也。年年织杼劳役，织成云锦天衣。天帝怜其独处，许嫁河西牵牛郎。嫁后遂废织红。天帝怒，责令归河东。唯每年七月七日夜，渡河一会。"

　　织女星在银河的东边，它的西名是 Vega。古人把天空分做二十八宿和三垣，现在全世界的天文学家公定分做 88 个"星座"。织女星是天琴星座里最亮的恒星。附近银河里有五个几乎一样亮的恒星排成十字架的形状，那五个星属天鹅座。银河的西边稍微南一点有三个星排得很近，中间那个比较亮一些的星就是牛郎星，也叫牵牛星，我国古称"河鼓"、"何鼓"、"黄姑"，西名叫 Altair。

　　牛郎是天鹰座里最亮的恒星。它和两旁那两个亮度小一点的星，有时候被人合起来称为"扁担星"。神话里说旁边那两个星是牛郎和织女所生的孩子。天鹅在银河里飘游，河畔有一位姑娘在织布，对岸有一个牧人带着两个孩子在放牛。这是多么美丽的一幅图画！

　　宋代[4]词人秦观也被牛郎织女这个悲里带欢、欢里带悲的故事激动了文思，他把这可歌可泣的故事的意境用长短句很巧地表达出来。《鹊桥仙》是词里很美丽的一首：

　　　　纤云弄巧，飞星传恨，银汉迢迢暗度。

　　　　金风玉露一相逢，便胜却人间无数。

　　　　柔情似水，佳期如梦，忍顾鹊桥归路。

两情若是久长时，又岂在朝朝暮暮。

从前我国许多人相信牛郎和织女真的在七夕⁵渡河相会一次。那一夜，妇女们都穿针乞巧，又以瓜果祀织女星。这个故事也常被采用做戏剧的材料，京剧、话剧和各地的地方戏里多半有"牛郎织女"这一出。

在戏剧里，牛郎是一个农村里放牛的孩子。他不肯帮哥哥种田，不肯帮嫂嫂车水，不肯帮妈妈做家务事。牛郎只是贪玩，只爱作奇怪的幻想。他的最好的朋友就是他所看守的老牛。有一晚，他在梦幻中看到一天上的仙境，他便牵着老牛动身到天上去。同时，在天上有一位织女却想要下凡来享受人间的温暖。王母娘娘可怜织女的孤寂，便差遣金童玉女和喜鹊把织女带到天涯海角去和牛郎相会。

"金风玉露一相逢"，真是"胜却人间无数"。一对爱侣被送上九霄云外度蜜月去了。

牛郎游遍了天上的仙境。日子一久，也便觉得平淡无奇了。织女得继续纺织云锦天衣，不能老陪着他。牛郎越来越感觉无聊，又从金童那里得知家里的人日夜在盼望他回去，便把回家的意念告诉织女。织女决心和他同到地上去享受那可贵的春天。可惜事机不密，给西王母知道了。她赶来用玉簪划成银河一道，把牛郎和织女隔开，只答应每年七夕遣喜鹊结成天桥，使他们渡河相会一次。牛郎回到人间，很高兴地再看到母亲、哥哥、嫂嫂。从此，他不再偷懒，不再作无谓的幻想，天天努力劳动。他觉悟到在现实生活里也可以创造出美丽来。他闻到泥土的香味了，他洞悉生活的意义了。他唯一的惋惜，就是所爱的织女不能也到地上来和他一起劳动，一起享受人间的温暖。不过每年七夕还可以相会一次，那已经比永别好多了。

有个话剧里有几首歌曲，其中一首是俞鹏所作的《鹊相会》：

谁知道天长地久何时了？

谁知道离恨年年有多少？

度尽了长岁，好难得这七夕良宵；

却又是无限悲愁相逢在鹊桥。

梦长夜短总是多情恼。

见东山晨星已现，天将晓。

可奈何，喜鹊频噪，催人分道。

只好待明年的七夕快快地来到。

一直到今天，我国还有好些人真的相信牛郎织女两星每年七夕渡河相会一次，许多妇女还在那一夜向织女乞巧。很可惜，科学告诉我们：牛郎织女这个故事并不是真的，它只是一个富有诗意的神话而已。近年来，天文学的进步，使我们对这两个恒星，对其他的恒星和银河，都认识得比从前清楚得多。银河并不是一条河，银河里并没有一滴水，也没有桥。它是很多恒星和星云的集合，用大望远镜就可以看出来。牛郎织女两星虽然不是绝对的"恒"，但每逢七夕并不能看出它们向对方移动丝毫，当然更谈不到"渡河"。每年七夕，还是一在河之东，一在河之西，彼此都在望河兴叹。科学的进步竟打碎了他们的美梦，这使作者想起曹雪芹替太虚幻境的牌坊所作的对联：

厚地高天，堪叹古今情不尽；

痴男怨女，可怜风云债难酬。

恒星的"恒"字，只是和行星的"行"字相对而言。实际上天上没有一个星是绝对的"恒"，每个星都在动，动多动少而已。牛郎星每年在天球上移动 0.658 角秒，此外，每秒钟还以 33 公里的速度移近太阳。所以，牛郎星在空间的速度比地上最快的客机还快几十倍。织女动得慢一点，不过在女子百米比赛里还是可以得冠军。她每年在天球上移动 0.345 角秒，每秒钟以 14 公里的速度移近太阳。

牛郎和织女都比太阳大得多、亮得多。为什么我们看起来只是两小点的光呢？那是因为这两个恒星离地球比太阳远得多。牛郎的光度为太阳的 10 倍，直径大 7 成，质量差不多大 7 成。织女的光度等于太阳的 50 倍，直径等于太阳直径的 2.76 倍，质量差不多等于太阳的 3 倍。所以，织女比牛郎大，比牛郎亮，比牛郎重，算来还是牛郎的大姐姐。牛郎离我们的距离为 16 光年，比太阳远 100 万倍；织女离我们的距离为 26 光年，比太阳远 170 万倍。织女不仅比牛郎大好些、亮好些，而且又远好些，所以我们看起来两个星差不多一样亮。光从牛郎星来到我们的眼里，需要 16 年；光从织女星来，需要 26 年，牛郎织女两星不是在同一方向，两星之间的距离是 16.4 光年。无线电波的速度和光一样，假使牛郎想打一个无线电报给织女，得等 32 年才有收到回电的可能。

恒星在大小、光度、温度、颜色方面相差都很大，质量却差得不很多。20 世纪以来，天文学家对许多恒星分门别类，好像生物学家对动物植物分门别类那样。科学家已经证明日光和星光都是从原子能来的。因此，牛郎和织女这两个星也可以说是两个非常大的原子弹。它们把肚子里的原子能变成光线发射出来。人类在欣赏它们的灿烂的光辉的时候，竟幻想出一个哀艳动人的故事来。童话和神仙故事并不因物质文明的进步而被消灭。它们可以提高少年人的幻想能力，可以做成年人业余的消遣，又可以作为各种艺术的原料。中国的牛郎织女可以和希腊的奥德赛[6]、金羊毛[7]，法国的尼贝伦指环[8]等故事并列。每年七夕，大家不妨继续提出牛郎织女这个故事来谈：一方面欣赏这富有诗意的神话，一方面也可借机会提倡科学，使一般人注意到科学家替我们发现的许多关于星星的新知识。

（作者：戴文赛；选自《中国现代科学小品选》，江苏科学技术出版社 1983 年版；有删节）

生　词

1. 杼 zhù （名）　旧式织布机上的主要机件之一。

2. 劳役 láoyì （名）　指强迫的劳动。

3. 云锦 yúnjǐn （名）　一种高级提花丝绸。

4. 织红 zhīhóng （名）　旧时指女子所做的纺织、刺绣等工作。

5. 渡 dù （动）　乘船或游泳横过江河湖海等水面；由此到彼。

6. 宿 xiù （名）　中国古代天文学家把天上某些星的集合体叫宿。如：星宿。

7. 垣 yuán （名）　①星的区域。②墙。

8. 恒星 héngxīng （名）　本身能发出光和热的天体，如太阳。过去认为这种星的位置是固定不动的，所以叫恒星。

9. 天鹅 tiān'é　（名）　一种鸟，外形像鹅而较大。

10. 扁担 biǎndan　（名）　放在肩上挑东西或抬东西的工具，用竹子或木头制成，扁而长。

11. 可歌可泣 kěgē-kěqì　（成）　值得歌颂并使人感动流泪。

12. 纤 xiān　（形）　细而长。

13. 迢迢 tiáotiáo　（形）　形容路途遥远。

14. 柔情 róuqíng　（名）　温柔的感情。

15. 鹊 què　（名）　喜鹊。一种鸟。民间传说听见它叫将有好事来临，所以叫喜鹊。

16. 穿针 chuān zhēn　把线从针眼中穿过。

17. 乞巧 qǐqiǎo　（动）　旧俗，农历七月初七的晚上，妇女们向织女星祈祷，请求帮助她们提高刺绣缝纫的技巧。乞：向人讨要。

18. 祀 sì　（动）　祭祀。旧俗备供品对神佛或祖先行礼，表示崇敬并求保佑。

19. 下凡 xiàfán　（动）　神话中指神仙从天上到人间来。人间也称为凡间。

20. 孤寂 gūjì　（形）　孤独寂寞。

21. 差遣 chāiqiǎn　（动）　派遣。

22. 九霄云外 jiǔxiāoyúnwài　（成）　比喻极高极远的地方。九霄：高空，在九重天的外面。

23. 平淡无奇 píngdànwúqí　（成）　平平常常，没有奇特的地方。

24. 事机 shìjī　（名）　机密的事。

25. 玉簪 yùzān　（名）　用玉做的簪子。簪子：别住发髻的条状物，用金属、骨头、玉石等制成。

26. 银河 yínhé　（名）　晴天夜晚，天空呈现的银白色的光带。银河由大量恒星构成，也叫银汉、天河。

27. 无谓 wúwèi　（形）　没有意义；毫无价值。

28. 洞悉 dòngxī　（动）　很清楚地知道。

29. 晓 xiǎo　（名）　（天）亮。

30. 噪 zào　（动）　许多鸟或虫子乱叫。

31. 催 cuī　（动）　叫人赶快行动或做某事。

32. 望河兴叹 wàng hé xīngtàn　由成语"望洋兴叹"演化而来。比喻因力量不够或没有条件而感到无可奈何。兴叹：发出感叹声。

33. 太虚 tài xū　不存在的，不真实的。

34. 幻境 huànjìng　（名）　虚幻奇异的境界。

35. 牌坊 páifāng　（名）　形状像牌楼的建筑物，旧时多用来表彰忠孝节义的人物。

36. 痴 chī　（形）　傻；愚笨。

37. 角秒 jiǎomiǎo　（名）　计量平面角角度的单位。

38. 光度 guāngdù　（名）　光的强度。

39. 光年 guāngnián　（名）　天文学上的一种距离单位。光在真空中一年内所走过的路程为一光年，约等于 94605 亿千米。

40. 分门别类 fēnmén-biélèi　（成）　分成各种门类。

41. 原子能 yuánzǐnéng　（名）　也叫核能。原子核发生裂变或聚变反应时产生的能量。

42. 原子弹 yuánzǐdàn　（名）　核武器的一种。

43. 哀艳 āiyàn　（形）　形容文辞凄切而艳丽。

44. 消遣 xiāoqiǎn　（动）　做自己感觉愉快的事来度过空闲时间。

注　释

1. 牛郎织女：民间传说爱情故事。

2. 南北朝：南朝（公元 420—589），北朝（公元 386—581），合称南北朝，是中国历史上一个分裂的朝代。

3. 天帝：天上的皇帝。

4. 宋代：中国的一个朝代（960 年至 1279 年）。

5. 七夕：农历七月初七。

6. 奥德赛（Odyssey）：希腊故事，相传为盲诗人荷马所作。

7. 金羊毛（Golden Fleece）：希腊故事。

8. 尼贝伦指环：法国故事。

词语例释

1. 岂

表示反问，相当于"哪""怎么""难道"。如：

> 他是那么聪明的人，岂能不懂？
>
> 他在那个公司工作，岂敢得罪老板？
>
> 我岂不知道她的心思？

2. 可惜　惋惜

都有遗憾的意思。"可惜"侧重于对失去的机会、可能实现却没实现的事情，以及不珍惜的行为和东西感到遗憾，强调应该但却没有；"惋惜"侧重于对人的不幸或对事物的意外变化感到同情、遗憾。如：

> 那个电影很好看，可惜你没看。
>
> 衣服还那么好，扔了可惜。
>
> 那孩子很聪明，就是没钱上学，真让人惋惜。
>
> 大家对他的死感到惋惜。

3. 觉悟　明白

"觉悟"是"由迷惑而明白"，含"恍然大悟"的意味，可以作动词和名词；"明白"侧重于"懂了，理解了"，可以作动词和形容词。如：

> 经过学习，他的觉悟提高了。
>
> 他觉悟到现实生活也能创造出美丽来。
>
> 他终于明白了妈妈的苦心。
>
> 他说得很明白。

4. 无所谓　无谓

"无所谓"是指"说不上；不在乎"；"无谓"指"不值得；没意义"。如：

他觉得能不能得奖都无所谓。

这种观点无所谓对不对。

不要作无谓的牺牲。

他做了许多无谓的努力。

5. 所⋯⋯

用在及物动词前，使"所＋动词＋的"成为名词性短语。如：

这不是我所能做到的。

那是他所希望的。

他所说的是关于生命价值的故事。

6. 不妨

表示"可以这样做"，常用于提建议或看法。如：

你不妨多跟老师交流交流。

你不妨打个电话问问看。

修辞例释

厚地高天，堪叹古今情不尽；

痴男怨女，可怜风云债难酬。

以上两个句子字数相等，结构相同，语义相关，构成了一个对偶。对偶是汉语中一种特殊的修辞手法，又称对仗、对子，不仅形式整齐，具有对称的形式美，而且音节和谐，读来有一种音乐美。此外，对偶句字数不多，但含义丰富，为人们喜闻乐用。随处可见的门联、春联用的就是对偶。如：

爆竹声声辞旧岁，瑞雪飘飘兆丰年。

福如东海长流水，寿比南山不老松。

中国古典诗词中的对偶例子更是多得数不清。如：

白日依山尽，黄河入海流。（唐·王之涣《登鹳雀楼》）

两个黄鹂鸣翠柳，一行白鹭上青天。（唐·杜甫《绝句》）

词汇扩展

1.公：有"共同的""公开""公平"的意思。"公安"指"公共安全"。猜猜下面词语的意思，并造句。

公办：

公布：

公事：

公益：

公用：

公众：

公认：

2.考：有"考试""检查"的意思；"考察"有"细致或实地观察"的意思。猜猜下面词语的意思，并造句。

考查：

考场：

考评：

考勤：

考取：

考验：

考虑：

综合练习

一、回答问题

1."扁担星"在民间传说中是什么？

2.一幅美丽的"图画"指什么？

3.牛郎是个怎样的人？

4.传说中牛郎织女什么时候相会，怎样相会？

5.作者指出牛郎星和织女星实际上是什么？

二、认一认并组词

役（　　）没（　　）投（　　）　　郎（　　）朗（　　）

泣（　　）拉（　　）垃（　　）　　扁（　　）偏（　　）

盼（　　）纷（　　）扮（　　）　　畔（　　）胖（　　）

坊（　　）访（　　）妨（　　）　　幅（　　）副（　　）

悟（　　）语（　　）捂（　　）　　迢（　　）招（　　）

恍（　　）婉（　　）碗（　　）　　遣（　　）遗（　　）

暖（　　）缓（　　）援（　　）　　牧（　　）收（　　）

三、用下列词语填空

稍微　　可歌可泣　　意境　　巧妙　　幻想　　唯一　　平淡无奇

享受　　无谓　　惋惜　　可惜

1.那幅画挂得_____往左了一点。

2.那个电影很好看，_____你没去看。

3.很聪明的孩子，家里没钱不能上学了，老师不禁替他_____。

4.他希望通过他的努力，父母能_____到好生活。

5.要讲效率，不要做_____的劳动。

6.那首诗_____地利用民间传说，创造了优美的_____。

7.许许多多的青年毕业以后到了农村，为那儿的发展贡献了自己的青春，留下了许多_____的感人故事。

8.那本书写的是一个年轻人的_____，而且整个故事_____，不值得看。

9.这是他_____的一件高档衣服。

四、根据课文内容填字

牛郎（　　）遍了天上的胜境。日子一久，也便觉得平淡无（　　）了。织女得继续纺织云锦天衣，不能老陪着他。牛郎越来越感觉（　　）聊，又从金童那里得知家里的人日夜在（　　）望他回去，便把回家的意念告诉织女。织女决心和他同到地上去享（　　）那可贵的春天。可事机不密，给西王母知道了。她赶来用玉簪划成银河一道，把牛郎和织女（　　）开，只答应每年七夕遣喜鹊结成天桥，使他们渡河相（　　）一次。牛郎回到人间，很高兴地再看到母亲、哥哥、嫂嫂。从此，他不再偷（　　），不再作无谓的（　　）想，天天努力劳动。他觉悟到在现实生活里也可以创造

出美丽来。他闻到泥土的香味了，他（　　）悉生活的意义了。他唯一的惋
（　　），就是所爱的织女不能也到地上来和他一起劳动，一起享受人间的
温暖。不过每年七夕还可以相会一次，那已经比永（　　）好多了。

五、用指定的词语完成句子

1.（从前）_____，现在我们改变了许多。

2. 牛郎只是喜欢玩，_____（不肯）。

3. 银河并不是真的河，_____（当然谈不上）。

4. 和_____相对而言，汉语不算太难。

5. 中国人认为银河是条天上的河，_____（实际上）。

6.（光）_____，就要一千元。

7. 那个故事并不是真的，_____（而已）。

8. 大家不要着急，_____（不妨）。

9. 一方面我们可以利用这段时间休息一下，_____（另一方面）。

六、写出下列词的相反或相对的词语

亮	附近	美丽	巧妙
奇怪	梦幻	人间	静止
进步	无聊	平淡	多情
清楚	偷懒	高兴	现实

七、填写词语，仔细体会它们在语段中的作用

一直　还　并　只　而已　更　竟

（　　）到今天，我国还有好些人真的相信牛郎织女两星每年七夕渡
河相会一次，许多妇女（　　）在那一夜向织女乞巧。很可惜，科学告诉
我们：牛郎织女这个故事（　　）不是真的，它（　　）是一个富有诗意
的神话（　　）。近年来，天文学的进步，使我们对这两个恒星，对其他
的恒星和银河，都认识得比从前清楚得多。银河并不是一条河，银河里并
没有一滴水，也没有桥。它是很多恒星和星云的集合，用大望远镜就可以
看出来。牛郎织女两星虽然不是绝对的"恒"，但每逢七夕并不能看出它
们向对方移动丝毫，当然（　　）谈不到"渡河"。每年七夕，还是一在
河之东，一在河之西，彼此都在望河兴叹。科学的进步（　　）打碎了他

们的美梦，这使作者想起曹雪芹替太虚幻的牌坊所作的对联：

　　厚地高天，堪叹古今情不尽；

　　痴男怨女，可怜风云债难酬。

八、童话和神仙故事会不会因科学的进步而消亡呢？请谈谈你的观点。

九、生活中我们常常遇到表面现象和真相不一样的事，结合课文写一篇读后感。

十、阅读

牛郎织女的故事

　　七夕节始终和牛郎织女的传说相连，这是一个很美丽的、千古流传的爱情故事，成为我国四大民间爱情传说之一。

　　相传在很早以前，南阳城西牛家庄里有个聪明、忠厚的小伙子，父母早亡，只好跟着哥哥嫂子度日，嫂子马氏为人狠毒，经常虐待他，逼他干很多的活，一年秋天，嫂子逼他去放牛，给他九头牛，却让他等有了十头牛时才能回家，牛郎无奈只好赶着牛出了村。

　　牛郎独自一人赶着牛进了山，在草深林密的山上，他坐在树下伤心，不知道何时才能赶着十头牛回家，这时，有位白发的老人出现在他的面前，问他为何伤心，当得知他的遭遇后，笑着对他说："别难过，在伏牛山里有一头病倒的老牛，你去好好喂养它，等老牛病好以后，你就可以赶着它回家了。

　　牛郎翻山越岭，走了很远的路，终于找到了那头有病的老牛，他看到老牛病得厉害，就去给老牛打来一捆捆草，一连喂了三天，老牛吃饱了，才抬起头告诉他：自己本是天上的灰牛大仙，因触犯了天规被贬下天来，摔坏了腿，无法动弹。自己的伤需要用百花的露水洗一个月才能好。牛郎不畏辛苦，细心地照料了老牛一个月，白天为老牛采花接露水治伤，晚上在老牛身边睡觉，到老牛病好后，牛郎高高兴兴赶着十头牛回了家。

　　回家后，嫂子对他仍旧不好，曾几次要加害他，都被老牛设法相救，嫂子最后恼羞成怒把牛郎赶出家门，牛郎只要了那头老牛相随。

　　一天，天上的织女在河里洗澡，牛郎在老牛的帮助下认识了织女，二人互生情意，后来织女便偷偷下凡，来到人间，做了牛郎的妻子。织女还把从天上带来的天蚕分给大家，并教大家养蚕、抽丝，织出又光又亮的绸缎。

牛郎和织女结婚后，男耕女织，情深意重，他们生了一男一女两个孩子，一家人生活得很幸福。但是好景不长，这事很快便让天帝知道，王母娘娘亲自下凡来，强行把织女带回天上，恩爱夫妻被拆散。

牛郎上天无路，还是老牛告诉牛郎，在它死后，可以用它的皮做成鞋，穿着就可以上天。牛郎按照老牛的话做了，穿上牛皮做的鞋，拉着自己的儿女，一起腾云驾雾上天去追织女，眼见就要追到了，王母娘娘拔下头上的金簪一挥，一道波涛汹涌的天河就出现了，牛郎和织女被隔在两岸，只能相对哭泣流泪。他们的忠贞爱情感动了喜鹊，千万只喜鹊飞来，搭成鹊桥，让牛郎织女走上鹊桥相会，王母娘娘对此也无奈，只好允许两人在每年七月七日于鹊桥相会。

后来，每到农历七月初七，相传牛郎织女鹊桥相会的日子，姑娘们就会来到花前月下，抬头仰望星空，寻找银河两边的牛郎星和织女星，希望能看到他们一年一度的相会，乞求上天能让自己像织女那样心灵手巧，祈祷自己能有如意称心的美满婚姻，由此形成了七夕节。

（网络文章，见 http://news.sina.com.cn/gov/2018-08-13/doc_innqtawx8764895.shtml）

回答问题：

1.阅读故事中的牛郎与课文中的牛郎有何不同？你更喜欢哪一个？为什么？

2.七夕节是怎么来的？姑娘们在七夕要做什么？

3.讨论改一改故事的结尾。

第八课　　另类新经济：不确定时代的逐利行为

课　文

　　我们已经告别了"短缺经济"，不料却又走进了"过剩经济"。现在问题不是有钱买不到东西，而是有了东西却卖不出去，这也是托现代科技之福吧。东西卖不出去，经济就会萧条衰退，因此政府义不容辞地就要救急，财政政策，货币政策，只要是能刺激消费的方子，来者不拒。

　　大名鼎鼎的经济学家凯恩斯[1]就在其鸿篇巨制《通论》中，给政府出了个好主意：拿个瓶子，装些钞票进去，找个地方深埋，然后鼓励大家去挖，说是等到瓶子被找到之时，就业机会就被创造出来了。主意倒也不馊，只是不知道要装多少美金进去才行。现代经济学家变得更聪明了，手段更高级了，认为关键是要发现、创造、扶持一个新兴产业——美其名曰"创造新的经济增长点"，这个产业最好是具有足够的关联效应，能够带动上下游产业的发展，比如大家熟知的"奥运经济"和"会展经济"。

　　遗憾的是，奥运会是几年一届，可遇而不可求。举办国际会议和展览也有不足，一来让大中城市占尽风光，二来次数也有限，毕竟不可能天天都搞吧。于是，一种新的经济形态又出现了——"旅游经济"、"休闲经济"。从空间上看，它把会展经济延伸到四面八方，哪里有景点，哪里就可以搞旅游；从时间上看，它把会展延伸到每一天，哪天不可以去旅游？为了给那些上班族留够时间，政府把"五一"、"十一"等法定假日加长到一周，可算是为刺激旅游经济鞠躬尽瘁了。正所谓"天长地久"有时尽，刺激经济无绝期。

　　"奥运经济"、"会展经济"和"旅游经济"能够繁荣昌盛，离不开现代科技的进步。要是没有发达的传播技术，奥运会不可汇聚全球37亿观众的目光。技术创新推动经济创新的典型例子，莫过于"拇指经济"[2]的出现了。花上 1 毛钱，用拇指摁几下手机，就可以自由收发短信息、天气预报、幽默故事等；花上更多钱，还可以得到邮件提醒、个股点评、福利彩票等信息服务。话费再便宜，也不会比短信更便宜，何况它如此丰富多彩。因此，伴随着手机在青年人中的普及，短信业务在 2000 年后突飞猛进，成为手机增值业务中增长最快的业务。"拇指经济"使消费者降低了平均话费，给中国移动和中国联通来了巨额收入，更让新浪、搜狐、网易等门户网站告别亏损，短信业务的收入占门户网站总收入的 30% 以上。如此看来，技术创新、规模经济，再加上成功的商业战略，不仅可以创造出一种全新的经济，而且还可以挽救其他的经济。在自利动机的驱动下，对潜在利润的追求，经由"看不见的手"而增进了社会福祉。

不过，通信技术特别是网络技术的发达，带给世人的也不全是天使，还有恶魔。计算机病毒就是其中之一。病毒肆虐，推动了用户特别是企业用户的防毒和杀毒需求，于是满足这一需求的众多中外杀毒软件公司就迅猛扩张，病毒制造者、病毒受害者和病毒灭杀者，支撑起了一个庞大的"病毒经济"，也算是现代文明的一个怪胎吧。就像只要有死人，就会有棺材店一样，你很难说棺材店老板的逐利行为是不是社会的需要。

网络带来了开放的观念，传媒的发达又使人们的眼球可以聚焦于任何美好的事物。于是，"选美经济"诞生了。爱美之心人皆有之，况且"选美经济"能够广泛带动娱乐、保健、传媒、旅游等多个产业的发展。因此，对于国际性的选美大赛，比如"世界小姐"、"环球小姐"等赛事，发展中国家往往乐此不疲，既刺激了经济，又向全球展示了本国美女的富有，何乐而不为？

除了选美，中国还有另外一种高难度的选拔活动，那就是选"状元"。每年高考都会按比例生产出一大批状元，状元们做家教、出书、做广告，乃至摆宴席、游街，都会形成一个产业，是为"状元经济"，这绝对是"中国特色"。当然，不是所有人都有望成为状元，但是通过各类培训接近状元的水平还是有希望的，起码可以满足社会的高学历趋势。于是，"培训经济"挟各种培训班、考研辅导班铺天盖地而来，人民大学南门外甚至形成了著名的"人大考研一条街"。北大也广施恩泽，各类辅导班的广告贴满了三角地，许多院系还允许学生自费旁听，食堂也与时俱进，对外来人口消费加收 15% 的"管理费"，分了"培训经济"的一杯羹。现今的人们，除了追求高学历，还想进名校。名校的魅力总是不可抵挡的，那些没有名牌大学的地方一着急，灵机一动，通过把名校吸引到本地办分校的形式，总算了却了心头之痒，在解决办学空间束缚的同时，又为当地输入了高级智力资源和第一生产力，于是"分校经济"就这样脱胎而出……

　　令人眼花缭乱的另类经济，让我们深刻感受到不确定时代不同经济主体的逐利行为。技术创新、规制开放、观念裂变、文化冲撞……这一切的一切，使得人们的逐利行为犹如流水，无定形、无定规。只要存在需求与供给的非均衡，只要有寻"租"的空间，就总有人热切地响应获利机会。在白热化的竞争中，那些具备成本优势、市场规模、关联效应并与国家发展战略相适应的逐利手段将成功地提供创新产品，进而形成产业和经济。

（作者：聂辉华；选自《环球》2003 年第 22 期）

生　词

1. 托 tuō　（动）　①依赖。如：托福。②请人代办。如：委托。③借故推辞。如：托病。

2. 萧条 xiāotiáo　（形）　经济不景气。

3. 衰退 shuāituì　（形）　①（政治、经济、文化等状况）衰落减退。②（身体、精神、能力等）衰弱退步。

4. 义不容辞 yìbùróngcí　（成）　道义上不容许推辞。

5. 政策 zhèngcè　（名）　政府为实现一定时期的目标而制定的行为准则。

6. 方子 fāngzi　（名）　①〈方言〉办法。②〈口语〉药方；配方。

7. 来者不拒 láizhě-bùjù　（成）　对有所求而来的人或送来的物品等都不拒绝。

8. 大名鼎鼎 dàmíng-dǐngdǐng （成） 名气很大。鼎鼎：盛大。

9. 鸿篇巨制 hóngpiān-jùzhì （成） 规模宏大的著作。

10. 馊 sōu （形） 坏、不高明。原指饭菜经久而变质，发出酸臭味。

11. 关联 guānlián （动） 事物相互之间发生牵连和影响。

12. 效应 xiàoyìng （名） 泛指某个人物的言行或某种事物的发生、发展在社会上所引起的反应和效果。

13. 法定 fǎdìng （形） 法律规定的。

14. 鞠躬尽瘁 jūgōng-jìncuì （成） 恭敬谨慎，贡献出全部的心力。

15. 繁荣昌盛 fánróng-chāngshèng （成） 形容兴旺发达，蓬勃发展。

16. 传播 chuánbō （动） 广泛散布。

17. 汇聚 huìjù （动） 聚集在一起。

18. 摁 èn （动） 用手按压。

19. 个股 gègǔ （名） 指某一只股票。

20. 福利 fúlì （名） 幸福和利益；也指生活上得到的利益。

21. 突飞猛进 tūfēi-měngjìn （成） 形容进展十分迅速。

22. 巨额 jù'é （形） 数量很大的（钱财）。

23. 新浪 xīnlàng （名） 网站名称。

24. 搜狐 sōuhú （名） 网站名称。

25. 网易 wǎngyì （名） 网站名称。

26. 亏损 kuīsǔn （动） 亏空、损失；支出超过收入。

27. 动机 dòngjī （名） 推动人决定做某事的想法。

28. 驱动 qūdòng （动） ①驱使；推动。②施加外力，使动起来。

29. 潜在 qiánzài （形） 存在于事物内部不容易被发现或发觉的。

30. 福祉 fúzhǐ （名） 幸福；福利。

31. 肆虐 sìnüè （动） 任意残杀或迫害；起破坏作用。

32. 怪胎 guàitāi （名） 发育不正常，形状怪异的胎儿；比喻畸形的东西。

33. 逐利 zhúlì （动） 追求利益、谋求利润。

34. 传媒 chuánméi （名） 传播媒体，特指报纸、广播、电视、网络等各种新闻工具。

35. 聚焦 jùjiāo　（动）　聚集于一点。

36. 乐此不疲 lècǐ-bùpí　（成）　因喜爱做某事而不觉得疲劳。

37. 何乐而不为 hé lè ér bù wéi　（成）　用反问的语气表示很可以做或很愿意做。

38. 乃至 nǎizhì　（连）　甚至。

39. 游街 yóujiē　（动）　在街上游行。

40. 挟 xié　（动）　①依靠；依仗。②用胳膊夹住。

41. 铺天盖地 pūtiān-gàidì　（成）　形容声势大，来势猛，到处都是。

42. 广施恩泽 guǎng shī ēnzé　广泛给予好处。

43. 与时俱进 yǔshí-jùjìn　（成）　和时代一起进步，指顺应时代的潮流。

44. 羹 gēng　（名）　糊状的汤。

45. 灵机一动 língjī-yīdòng　（成）　灵巧的心思一活动（多指临时想出了一个办法）。

46. 了却 liǎoquè　（动）　解决；结束（事情）。

47. 痒 yǎng　（形）　①想做某事的愿望强烈，难以抑制。②皮肤受到轻微刺激想抓挠的感觉。

48. 束缚 shùfù　（动）　行动受到限制或约束。

49. 脱胎 tuōtāi　（动）　指一事物由另一事物孕育变化而产生。如：脱胎换骨。

50. 眼花缭乱 yǎnhuā-liáoluàn　（成）　形容看到繁杂的东西而感到迷乱。

51. 裂变 lièbiàn　（动）　分裂、变化。

52. 均衡 jūnhéng　（形）　平衡。

53. 白热化 báirèhuà　（动）　比喻事态、感情等发展到最紧张激烈的阶段。

注　释

1. 凯恩斯：英文名 John Maynard Keynes（1883 年 6 月 5 日—1946 年 4 月 21 日）。英国著名经济学家，著有《就业、利息和货币通论》（简称《通论》）。

2. 拇指经济：手机短信及其带来的各种经济。

词语例释

1. 托……之福

"依靠 / 凭借……而得到幸福、好运"。如：

托好心人之福，那个孩子终于可以上学了。

托公司之福，他出国旅游了一趟。

2. 来者不拒

对于钱，那个贪官是来者不拒，全部收下。

对于外国的东西，不能来者不拒，要看看是否适合我们。

3. 扶持　支持

都有支援帮助的意思。"扶持"侧重于对弱小者加以保护，使继续维持，强调给予物质或政策帮助；"支持"没有这些限制，对象可以是强者，也可以是弱者；可以是精神上的，也可以是物质上的。如：

政府对西部发展给予政策扶持。

政府应该对失业者进行扶持。

受到扶持的企业，很快就成长起来。

大家支持他的观点。

妈妈支持他学医。

政府进一步增加了对小微企业的资金支持。

另外，"支持"还有"支撑"的意思。如：

连续工作了两天两夜，我快支持不住了。

4. 正所谓

"正像说的那样"。如：

那些人变着花样制造假货，工商局很难抓到他们，正所谓：道高一尺，魔高一丈。

为金钱而犯罪的人不少，正所谓：人为钱死，鸟为食亡。

5.况且　而且

都是连词，都表示"进一步"的意思。"况且"一般只连接小句，多用来补充说明理由；"而且"可连接词语和小句，且常跟"不但、不仅"搭配。如：

天不很黑，况且（而且）我们有伴，走路去没关系。

厦门的东西不算贵，况且（而且）我们也很节省，钱还是够花的。

物体的表面光滑而且柔软。（况且 ×）

她不仅聪明而且漂亮。（况且 ×）

他不但去晚了，而且说了一些不该说的话。（况且 ×）

6.乃至　甚至

都表示强调所说的内容。有时可以互换，如：

这个事故引起全国乃至（甚至）全世界的注意。

"甚至"侧重于强调突出的事例，提出更进一层的关系；"乃至"侧重于引导出事件或结果，也说成"乃至于"。如：

那些流浪儿没人关心，甚至没人管。

他想和她交朋友，甚至成为好朋友。

今天来的人很多，甚至不少平常不出门的老人也来了。

他很紧张乃至于说不出话来。

妈妈非常生爸爸的气，乃至不和他说话。

7.灵机一动

现场气氛很紧张，他灵机一动说了一个笑话，缓解了气氛。

他灵机一动想出了一个好主意。

8.了却　结束

都有"完"的意思。"了却"侧重于通过处理解决问题，事情告一段落了；"结束"指"完，完结"。如：

演出已经结束。

会议明天结束。

女儿终于结婚，他也算了却了一件心事。

9. 追求　追逐

都指积极争取，以达到某种目的。"追求"强调努力寻求，中性词，常用于"理想""真理""进步""利益"等方面；"追逐"强调追赶随逐，含贬义色彩，常用于"名""利"方面。如：

为了追求真理，他们不遗余力。

他们是追求进步的青年。

社会追逐金钱的风气盛行，有可能导致道德观念淡化。

此外，"追求"还指向异性求爱，"追逐"还指追赶。如：

他正在追求那位漂亮的服务员。

孩子们在沙滩上追逐、嬉戏。

修辞例释

1. 现在问题不是有钱买不到东西，而是有了东西却卖不出去，这也是托现代科技之福吧。

句中"托现代科技之福"原义是靠现代科技得到了好运，但前文"有了东西却卖不出去"不是好运，而是不好的情况，所以这句话的真正意思是现代科技带来了"有东西卖不出去"的不良后果，与字面的意思相反。这用的是一种叫"反语"的修辞手法。

反语即通常讲的"说反话"，是用跟本意相反的词语来表达本意的一种修辞手法。作用是使话语增添否定、讽刺和批判的意味，有时也可使话语更加生动风趣。如：

原定于今天的比赛因为下雨而取消了，小东不高兴地说："全是因为今天的好天气！"

妈妈生气地对儿子说："半夜两点了你才回来，你可真是长大了！"

这村子还是老孙最能干，又会赶车，又会骑马，摔跤也摔得漂亮！"啪嗒"一响，掉下地来，又响亮又干脆。

例1中"好天气"是"坏天气"的反话，加强了否定的语气。例2中"你可真是长大了"说的也是反话，实际上是在批评儿子不懂事，还没长大。例3中"最能干""漂亮"等都是反话，实际上是对老孙的非恶意的嘲笑，比较风趣，能引发听读者的笑声。

2. 于是，"培训经济"挟各种培训班、考研辅导班铺天盖地而来，人民大学南门外甚至形成了著名的"人大考研一条街"。

句中"铺天盖地"一词的字面意思是铺满了天，盖满了地，形容声势大、数量多、到处都是。事实上数量再多也不可能盖满天地，这里用的是一种叫"夸张"的修辞手法。

夸张是指运用远远超越客观事实的说法来强调事物的某一特点，以求给人突出印象的一种辞格。例如：

30年一眨眼就过去了。

冰冷的寒气嗖嗖地直往肚皮里钻，平日厚重严实的棉衣，这功夫仿佛变成一层薄纸，不顶事了。

把30年说成"一眨眼"，是强调时间流逝快。把棉衣比成"薄纸"，是为了表现天气非常寒冷，厚厚的棉衣也抵挡不住寒气。

夸张不仅使人们对事物有更深的感受，也可以使话语显得更加风趣幽默。例如：

看把小李乐得，那嘴呀，都咧到耳朵根了。

"嘴咧到耳根"是不可能的，是夸张，表现了人物内心极大的喜悦，十分风趣幽默。

词汇扩展

1. 灵：有"聪明""敏捷""灵魂""有特别的效果"的意思，"灵便"指"动作敏捷""使用方便"的意思。猜猜下面词语的意思，并造句。

灵感：

灵巧：

灵通：

灵验：

灵位：

灵活：

灵气：

2.扩：有"扩大"的意思。"扩版"指"刊物版面增加"的意思。猜猜下面词语的意思，并造句。

扩充；

扩建：

扩散：

扩编：

扩张：

扩军：

综合练习

一、根据课文回答问题

1."短缺经济""过剩经济"是什么意思？

2.造成过剩经济的原因是什么？

3.现代经济学家认为发展经济的最好办法是什么？

4."奥运经济"和"会展经济"有什么不足？

5."旅游经济"有什么优点？

6."拇指经济"对社会有何影响？

7.作者对各种经济现象分别抱什么态度？

8.作者认为这些经济现象产生的主要原因是什么？

9.你对文中提到的凯恩斯提出的发展经济的办法有何看法？

二、现代汉语中常在一个名词前加上一个词，构成另一个名词或名词性
　　词组，附加上的词通常用来说明这个名词的性质、用途。如：车、货
　　车、汽车、火车、公交车、小汽车。你能举出别的例子吗？

三、认一认并组词

衰（　　）裹（　　）馊（　　）搜（　　）效（　　）较（　　）

延（　　）诞（　　）掏（　　）鞠（　　）昌（　　）畅（　　）

汇（　　）江（　　）狐（　　）孤（　　）亏（　　）巧（　　）

挽（　　）婉（　　）驱（　　）抠（　　）祉（　　）址（　　）

虐（　　）虎（　　）迅（　　）讯（　　）拔（　　）拨（　　）

四、用指定的词完成句子

1._____（托……的福），他的家庭生活有了很大改善。

2.对于食物，他有天生的爱好，_____（正所谓）。

3._____（可遇不可求），你就应该珍惜面对。

4.他之所以不去，（一来）_____（二来）_____。

5.要是没有他的帮助，_____（不可能）。

6.钱好赚_____（莫过于）。

7.现今的人们，除了买房子，_____（还想）。

8.那些没有事做的官员，_____（灵机一动）。

五、模仿造句

1.这个产业最好是具有足够的关联效应，能够带动上下游产业的发
展，例如大家熟知的"奥运经济"和"会展经济"。

_____

_____

2.遗憾的是，奥运会是几年一届，可遇而不可求，举办国际会议和展览也
有不足，一来让大中城市占尽风光，二来时间次数也有限，毕竟不可能天天都
搞吧。于是，一种新的经济形态又出现了——"旅游经济""休闲经济"。

_____

_____

3. 为了给那些上班族留够时间，政府把"五一"、"十一"等法定假日加长到一周，可算是为刺激旅游经济鞠躬尽瘁了。正所谓"天长地久有时尽，刺激经济无绝期"。

_____

_____

_____

4. 话费再便宜，也不会比短信更便宜，何况它如此丰富多彩。

_____

5. "拇指经济"使消费者降低了平均话费，给中国移动和中国联通带来了巨额收入，更让新浪、搜狐、网易等门户网站告别亏损。

_____

_____

6. 发达，带给世人的也不全是天使，还有恶魔。计算机病毒就是其中之一。

_____

_____

7. 就像只要有死人，就会有棺材店一样，你很难说棺材店老板的逐利行为是不是社会的需要。

_____

_____

8. 除了选美，中国还有另外一种高难度的选拔活动，那就是选"状元"。

_____

9. 当然，不是所有人都有望成为状元，但是通过各类培训接近状元的水平还是有希望的，起码可以满足社会的高学历趋势。

_____

_____

10. 现在问题不是有钱买不到东西，而是有了东西却卖不出去，这也是托现代科技之福吧。

_____

_____

六、扩句练习

例：凯恩斯出了个主意。

大名鼎鼎的经济学家凯恩斯给政府出了好主意。

1. 创新推动发展

_____

2. 旅游繁荣经济

_____

3. 网络影响生活

_____

七、指出下列句子何处用了反语或夸张的修辞手法并解释句子的意思

1. 小王的心只有针尖这么大。

2. 这么简单的道理你都不懂，你可真聪明！

3. 他刚才说的话真让人笑破肚皮。

4. 妹妹的胆子可真大，就是一只猫也会把她吓得赶快跑到妈妈的身后躲起来。

八、就科技发展对人们生活的影响谈谈体会

九、写作：写一篇课文的读后感

十、阅读

信息也许可以酝酿文化，但是拥有信息绝不意味着就拥有文化的核心——科学和知识。信息不转化为知识就没有真正的社会价值。网络技术营造了社会的信息化环境，这自然是社会文明发展的重要前提。然而区别于农业社会和工业社会，信息时代的实质内涵应该是它使人类的心力和智力得到历史的"提升"。用马克思说过的一句话来描述，就是人的全面自由的发展，这才是人类所追求的文明发展的最高境界。

创造信息时代的主体是人，人也是信息时代的主导因素，可是并非所有的人或者是具有正常意识能力的人都能成为这个主体中的一员。无论是哪个民族，哪个国家，只有拥有一大批真正意义上的"信息人"，才能使自己跨入信息时代。

我们理解信息人大致应该具有这样的素质，一是对相关信息的理解和

认知能力。在接受外界信息时，能将相关的信息联系起来，在头脑中进行积极的加工，把原来单纯的物理外界信息经由神经冲动转化为精神的信息，即有能力将 News 转化为 Knowledge。第二，在对信息认知的基础上，信息人还相应具有迅速搜寻、组织和利用的能力。第三，信息人的知识结构是开放的，思维是创新的。

在信息社会，计算机网络提供了信息显现和传播技术，这样一方面是信息人凭借自己的能力可以不断将获取的大量信息转化为知识，从而更快地进行着知识的积累，加快着自己的智力水平的提升；一方面对于另一部分并不具备相应知识结构的人，他们所接受的大量信息只是被作为生活服务、娱乐和一般消费掉，而没有成为增长智慧、积累知识的有效资源。这一部分人的智力"财富"相对"贫瘠"。信息技术的发展，将可能在社会上造成新的"贫富"两极分化，有人称为"文明社会新的断层线"。计算机网络在技术上解决了平等地向民众传播信息的问题，但同时也酝酿了新的社会的不平等。这个不平等在现实世界的发展中还表现为拉大了发达国家和发展中国家现代文明发展的差距。

（节选自韩小谦《信息·知识·变化》）

判断正误：

1. 任何人只要接触到信息技术就拥有了现代文明。（　　　）

2. 计算机网络技术的普及意味着进入信息时代。（　　　）

3. 信息转化为知识后才能具有社会价值。（　　　）

4. 并不是所有人都能成为信息时代的主人。（　　　）

5. 信息人懂得如何学习。（　　　）

6. 信息技术的发展可能会带来新的社会的不平等。（　　　）

第九课　曲阜孔庙

课　文

也许在人类历史中，从来没有一个知识分子像中国的孔丘（公元前五五一至四七九年）那样，长时期地受到一个朝代接着一个朝代的封建统治阶级的尊崇。他认为"一只鸟能够挑选一棵树，而树不能挑选过往的鸟"，所以周游列国，想找一位能重用他的封建主来实现他的政治思想，但始终不得志。事实上，"树"能挑选鸟；却没有一棵"树"肯要这只姓孔名丘的"鸟"。他有时在旅途中绝了粮，有时狼狈到"累累若丧家之犬"[1]。最后只得叹气说："吾道不行矣！"但是为了"自见于后世"[2]，他晚年坐下来写了一部《春秋》。[3] 也许他自己也没想到，他"自见于后世"的愿望达到了。

正如汉朝的大史学家司马迁所说："春秋之义行，则天下乱臣贼子惧焉。"[4] 所以从汉朝起，历代的统治者就一朝胜过一朝地利用这"圣人之道"来麻痹人民，统治人民。尽管孔子生前是一个不得志的"布衣"。死后他的思想却统治了中国两千年。他的"社会地位"也逐步上升，到了唐朝就已被称为"大成至圣文宣王"；连他的后代子孙也靠了他的"余荫"，在汉朝就被封为"褒成侯"，后代又升一级做"衍圣公"。两千年世袭的贵族，也算是历史上仅有的现象了。这一切也都在孔庙建筑中反映出来。

今天全中国每一个过去的省城、府城、县城都必然还有一座规模宏大、红墙黄瓦的孔庙，而其中最大的一座，就在孔子的家乡——山东省曲阜，规模比首都北京的孔庙还大得多。在庙的东边，还有一座由大小几十个院子组成的"衍圣公府"。曲阜城北还有一片占地几百亩、树木葱幽、丛林密茂的孔家墓地——孔林。孔子以及他的七十几代嫡长子孙都埋葬在这里。

现在的孔庙是由孔子的小小的旧宅"发展"出来的。他死后，他的学生就把他的遗物——衣、冠、琴、车、书——保存在他的故居，作为"庙"。汉高祖刘邦就曾经在过曲阜时杀了一头牛祭祀孔子。西汉末年，孔子的后代受封为"褒成侯"，还领到封地来奉祀孔子。到东汉末桓帝时（公元一五三年），第一次由国家为孔子建了庙。随着朝代岁月的递移，到了宋朝，孔庙就已发展成三百多间房的巨型庙宇。历代以来，孔庙曾经多次受到兵灾或雷火的破坏，但是统治者总是把它恢复重建起来，而且规模越来越大。到了明朝中叶（十六世纪初），孔庙在一次兵灾中毁了之后，统治者不但重建了庙堂，而且为了保护孔庙，干脆废弃了原在庙东的县城，而围绕着孔庙另建新城——"移县就庙"。在这个曲阜县城里，孔庙正门紧挨在县城南门里，高的后墙就是县城北部，由南到北几乎把县城分割成为互相隔绝的东西两半。这就是今天的曲阜。孔庙的规模基本上是那时重建后留下来的。

自从萧何给汉高祖营建壮丽的未央宫[5]，"以重天子之威[6]"以后，统治阶级就学会了用建筑物来做政治工具。因为"夫子之道"是可以利用来维护封建制度的最有用的思想武器，所以每一个新的皇朝在建国之初，都必然隆重祭孔，大修庙堂，以阐"文治"；在朝代衰末的时候，也常常重修孔庙，企图宣扬"圣教"，扶危救亡。

由于封建统治阶级对于孔子的重视，连孔子的子孙也沾了光，除了庙东那座院落重重、花园幽深的"衍圣公府"外，解放前，在县境内还有大量的"祀田"，历代的"衍圣公"，也就成了一代一代的恶霸地主。曲阜县知县也必须是孔氏族人，而且必须由"衍圣公"推荐，"朝廷"才能任命。

除了孔庙的"发展"过程是一部很有意思的"历史纪录"外，现存的建筑也可以看作中国近八百年来的"建筑标本陈列馆"。这个"陈列馆"一共占地将近十公顷，前后共有八"进"庭院，殿、堂、廊、庑，共六百二十余间，其中最古的是金朝（一一九五年）的一座碑亭，以后元、明、清、民国各朝代的建筑都有。

孔庙的八"进"庭院中，前面（即南面）三"进"庭院都是柏树林，每一进都有墙垣环绕，正中是穿过柏树林和重重的牌坊、门道的甬道。第三进以北才开始布置建筑物。这一部分用四个角楼标志出来，略似北京紫禁城[7]，但具体而微。在中线上的是主要建筑组群，由硅文阁、大成门、大成殿、寝殿、圣迹殿和大成殿两侧的东庑和西庑组成。大成殿一组也用四个角楼标志着，略似北京故宫前三殿一组的意思。在中线组群两侧，东面是承圣殿、诗礼堂一组，西面是金丝堂、启圣殿一组。大成门之南，左右有碑亭十余座。此外还有些次要的组群。

奎文阁是一座两层楼的大阁，是孔庙的藏书楼，明朝弘治十七年（一五零四年）所建。在它南面的中线上的几道门也大多是同年所建。大成殿一组，除杏坛和圣迹殿是明代建筑外，全是清雍正年间（一七二四至一七三零年）建造的。

今天到曲阜去参观孔庙的人，若由南面正门进去，在穿过了苍翠的古柏林和一系列的门堂之后，首先引起他兴趣的大概会是奎文阁前的同文门。这座门不大，也不开在什么围墙上，而是单独地立在奎文阁前面。它引人注意的不是它的石柱和四百五十多年的高龄，而是门内保存的许多汉魏碑石[8]。其中如史晨、孔宙、张猛龙等碑，是老一辈临过碑帖练习书法的人所熟悉的。现在，人民政府又把散弃在附近地区的一些汉画像石集中到这里。原来在庙西璺相圃[9]（校阅射御的地方）的两个汉刻石人像也移到庙园内，立在一座新建的亭子里。今天的孔庙已经具备了一个小型汉代雕刻陈列馆的条件了。

奎文阁虽说是藏书楼，但过去是否真正藏过书，很成疑问。它是大成殿主要组群前面"序曲"的高峰，高大仅次于大成殿；下层四周回廊全部用石柱，是一座很雄伟的建筑物。

大成殿正中供奉孔子像，两侧配祀颜回、曾参、孟轲……等"十二哲"，它是一座双层瓦檐的大殿，建立在双层白石台基上，是孔庙最主要的建筑物，重建于清初雍正年间雷火焚毁之后，一七三零年落成。这座殿最引人注意的是它前廊的十根精雕蟠龙石柱。每根柱上雕出"双龙戏珠"。"降龙"由上蟠下来，头向上；"升龙"由下蟠上去，头向下；中间雕出宝珠，还有云焰环绕衬托。柱脚刻出石山，下面由莲瓣柱础承托。这些蟠龙不是一般的浮雕，而是附在柱身上的圆雕。它在阳光闪烁下栩栩如生，是建筑与雕刻相辅相成的杰出的范例。大成门正中一对柱也用了同样的手法。殿两侧和后面的柱子是八角形石柱，也有精美的浅浮雕。相传大成殿原来的位置在现在殿前杏坛所在的地方，是一零一八年宋真宗时移建的。现存台基的"御路"雕刻是明代的遗物。

杏坛位置在大成殿前庭院正中，是一座亭子，相传是孔子讲学的地方。现存的建筑也是明弘治十七年所建。显然是清雍正年间经雷火灾后幸存下来的。大成殿后的寝殿是孔子夫人的殿。再后面的圣迹殿，明末万历年间（一五九二年）创建，现存的仍是原物，中有孔子周游列国的画石一百二十幅，其中有些出于名家手笔。

大成门前的十几座碑亭是金元以来各时代的遗物，其中最古的已有七百七十多年的历史。孔庙现存的大量碑石中，比较特殊的是元朝的蒙汉文对照的碑，和一块明初洪武[10]年间的语体文碑，都是语文史中可贵的资料。

（作者：梁思成[11]；节选自《曲阜孔庙》）

生　词

1. 朝代 cháodài　（名）　建立国号的君主（一代或若干代相传）统治的整个时期。

2. 封建 fēngjiàn　（名）　一种政治制度。

3. 统治 tǒngzhì　（动）　①凭借政权来控制、管理国家或地区。②支配；控制。

4. 阶级 jiējí　（名）　人们在社会上由于所处地位不同和对生产资料关系不同而分成的集团，如工人阶级、中产阶级等。

5. 尊崇 zūnchóng　（动）　尊敬推崇。

6. 周游 zhōuyóu　（动）　到各地游历；游遍。

7. 列国 lièguó　（名）　某一时期并存的各个国家。

8. 得志 dézhì　（动）　实现志愿；也指名利欲望得到满足。多含贬义。

9. 丧 sàng　（动）　丢掉；失去。

10. 史学 shǐxué　（名）　历史学。以人类历史为研究对象的学科。

11. 圣人 shèngrén　（名）　旧时指品格最高尚、智慧最高超的人。

12. 麻痹 mábì　（动）　①使失去警惕性；使疏忽。②身体某一部分的感觉能力和运动能力丧失，由神经系统的病变引起。

13. 布衣 bùyī　（名）　老百姓、平民。

14. 余荫 yúyīn　指前辈惠及子孙的恩泽。

15. 封 fēng　（动）　帝王把土地或爵位赐给臣子。

16. 世袭 shìxí　（动）　世代相传（帝位、爵位等）。袭：继承。

17. 宏大 hóngdà　（形）　巨大；宏伟。

18. 丛林 cónglín　（名）　茂密的树林。

19. 密茂 mìmào　（形）　同茂密。（草木）茂盛而繁密。即生长得又多又壮又密。

20. 嫡 dí　（形）　① 宗法制度下指家庭的正支。如：嫡长子。②家族中血统近的。如：嫡亲。③正宗；正统。如：嫡传。

21. 宅 zhái　（名）　住所，住宅。

22. 冠 guān　（名）　帽子。

23. 毁 huǐ　（动）　破坏、损害。

24. 围绕 wéirào　（动）　以……为中心（活动或转动）。

25. 隔绝 géjué　（动）　隔断。

26. 营建 yíngjiàn　（动）　营造；建造。

27. 阐 chǎn　（动）　讲明白。

28. 衰 shuāi　（形）　减弱、减退。

29. 沾光 zhānguāng　（动）　凭借别人或某事物而得到好处。

30. 恶霸 èbà　（名）　独霸一方，欺压百姓的坏人。

31. 知县 zhīxiàn　（名）　旧时县长的称呼。

32. 氏 shì　（名）　姓。

33. 任命 rènmìng　（动）　下命令任用。

34. 标本 biāoběn　（名）　指在某一类事物中可以作代表的事物。

35. 陈列 chénliè　（动）　把物品摆出来让人看。

36. 公顷 gōngqǐng　（量）　计量土地面积的单位。一公顷等于一万平

方米

37. 进 jìn （量） 平房的住宅内分前后几排的，一排称为一进。

38. 庑 wǔ （名） ①堂下周围的走廊、廊屋。如：廊庑。②正房对面和两侧的小屋子。如：东庑、西庑。

39. 碑 bēi （名） 刻上图案或文字，竖立起来作为纪念物或标记的石头。

40. 亭 tíng （名） 亭子。有顶无墙，供休息用的建筑物。

41. 墙垣 qiángyuán （名） 墙。

42. 环绕 huánrào （动） 围绕。

43. 甬道 yǒngdào （名） 走廊、过道。

44. 殿 diàn （名） 高大的房屋，特指供奉神佛或帝王上朝理事的房屋。

45. 次要 cìyào （形） 不是最重要的；重要性较差的。

46. 杏坛 xìngtán （名） 相传孔子讲学的地方。

47. 苍翠 cāngcuì （形） （草木等）深绿。

48. 临 lín （动） ①照着字画模仿。②靠近，对着。如：临街。③来到，到达。如：光临。

49. 帖 tiè （名） 学习写字或画画儿时用来临摹的样本。

50. 校阅 jiàoyuè （动） ①检阅。②审阅校订（书刊内容）。

51. 射御 shè yù 射箭御马之术。

52. 序曲 xùqǔ （名） 各种剧目开场时演奏的乐曲，比喻事情、行动的开端。

53. 回廊 huíláng （名） 曲折环绕的走廊。

54. 供奉 gòngfèng （动） 恭敬地奉献上；供养。

55. 檐 yán （名） 屋顶向旁边伸出的一部分。

56. 落成 luòchéng （动） （建筑物）完工。

57. 蟠龙 pánlóng 盘伏的龙。蟠：盘曲、环绕。

58. 云焰 yúnyàn 像火焰一样的云。

59. 衬托 chèntuō （动） 为使事物的特色突出，把别的事物放在一起来陪衬或对照。

60. 莲瓣 liánbàn　（名）　莲花的花瓣。

61. 浮雕 fúdiāo　（名）　在平面上雕出的凸起形象。

62. 闪烁 shǎnshuò　（动）　①（光亮）动摇不定，一会儿明一会儿暗。②（说话）稍微露出一点想法，但不肯说明确；说一点留一点。

63. 栩栩如生 xǔxǔ-rúshēng　（成）　形容生动逼真，好像活的一样。

64. 相辅相成 xiāngfǔ-xiāngchéng　（成）　相互补充，相互促成。

65. 范例 fànlì　（名）　可以当作典范的事例。

66. 幸存 xìng cún　幸运地活下来。

注　释

1. 累累若丧家之犬：像失去家的狗那样狼狈。累累：读作 léiléi，形容憔悴、没精神的样子。

2. 自见于后世：完整的一句话是："吾道不行矣，吾何以自见（xiàn）于后世哉？"意思是"我的政治主张不能实行，我的名声凭什么在后世得到显现呢"？

3. 《春秋》：史书名。相传是孔子根据鲁国的编年史修订而成的。

4. 春秋之义行，则天下乱臣贼子惧焉：（如果）《春秋》的思想观念得到推行，那么天下的乱臣贼子就会惧怕了。

5. 未央宫：汉宫名，位于今陕西西安北郊。

6. 以重天子之威：用来振奋、树立天子的威严。

7. 紫禁城：故宫。

8. 汉魏碑石：汉魏时期的碑石。

9. 矍相圃：孔子练习射箭的地方。《礼记·射义》："孔子射于矍相之圃。"矍：读 jué。

10. 洪武：明朝太祖年号（1368—1398）。

11. 梁思成（1901—1972），广东新会人，建筑学家。有学术论著《中国建筑史》等。

词语例释

1. 分子

指具有某种特征或阶层的人。如：

> 从来没有一个知识分子像孔丘那样长时期受统治阶级的尊崇。

> 他在大学时是个活跃分子，每个晚会都可以见到他。

2. 维护　保护

"保护"强调保障受照顾方的安全，多用于人或具体的事物，也可以用在利益、生命、积极性等抽象的东西上；"维护"强调使受照顾方维持良好的状况，常用于抽象而重大的事物，也用于机器、设备等具体事物。如：

> 为了保护国家的财产，他献出了宝贵的生命。

> 中国消费者协会是一个保护消费者合法权益的组织。

> 维护世界和平是每个国家的责任。

> 这台机器很贵重，要小心维护。

3. 正如

"正像""恰好像"的意思，书面语。如：

> 这种结果，正如中国老百姓所说的：好人有好报。

> 十七八岁的姑娘正如含苞欲放的花儿，美丽动人。

4. 必然　必定

都有"一定"的意思。"必然"表示事理上坚定不移。如：

> 提高生活水平是社会发展的必然要求。

> 刚来中国，有很多不习惯，这是必然的。

"必定"表示主观上确定不移。如：我认为这件事必定另有隐情。

"必定"还表示"意志坚决"。如：你放心，明天我必定会来。

5. 企图　妄图　试图

都有打算的意思。"企图"多用于怀有不可告人的目的，打算做不可能实现的事，有时也用于没有什么恶意，但很难或不可能实现的目的；"妄图"强调"狂妄地做不能实现的事"，常用于敌对者，多用在书面语中，贬义词；"试图"强调尝试着去做某事。如：

　　他企图欺骗大家，蒙混过关。

　　敌人妄图袭击我军。

　　我们试图把这部电影拍得好一些。

　　另外"企图"还可以作名词，含"目的"的意味，如：

　　他这样做，有什么企图吗?

6. 宣扬　宣传

"宣传"强调使很多人知道，从而收到一定的效果，含褒义色彩。"宣扬"强调传扬开去，常含贬义色彩。如：

　　他的先进事迹要好好宣传宣传。

　　他正在宣传他们的学校。

　　他到处宣扬他的反动言论。

7. 沾光

离合词，比喻依靠别人或某种事物而得到好处。如：

　　全家人因他的提升而沾光。

　　虽然他的父亲是个名人，但他不想沾父亲的光。

8. 次于

文言词，用于比较，反义是"胜于"。如：

　　这种布仅次于那种，但是价钱却便宜好多。

　　这家店的东西虽然价格比较低，但质量一点也不次于高档商品。

9.于

介词，有"在""给""对""自""从"等多个意思，具体用法：

①表示比较。如：

6 大于 3。

②表示被动。如：

受制于人。

③做动词后缀，介绍出对象，如：

求助于大家。

④做形容词的后缀，后面常跟动词。如：

勇于攀登科学高峰。

修辞例释

它（奎文阁）是大成殿主要组群前面"序曲"的高峰，高大仅次于大成殿。

"序曲"指各种剧目开场时演奏的乐曲，这里指的是建筑群中排在最前面的建筑。把最前排的建筑比作"序曲"，采用的是比喻的修辞手法。把 A 比作 B，比喻句中通常有本体（A）、喻体（B）和喻词，有的还有说明相似点的喻解，如前几课介绍过的明喻和暗喻。而本文这个句子只出现了喻体"序曲"，没有出现本体"最前排的建筑"，也没有"像"等喻词，这种特殊的比喻句就叫作"借喻"。借喻是比喻的一种变体形式，不说出本体，直接使用喻体，依靠语境并利用听读者的联想，使喻体和本体建立一种比喻关系。如：

近日，一位著名经济学家说，今年只剩下 7 个月的时间了，要确保经济增长速度达到 8%，必须找"猛药"、"急药"。

例句中把促进经济发展的紧要措施比做了"猛药"和"急药"。这样容易使人联想到医生救治危重的病人，迫切需要"猛药""急药"，比起明说更形象、具体。

借喻比明喻和暗喻更隐蔽，听读者在理解过程中需要根据上下文和具体的语境，借助联想推知整个比喻的结构。因此，借喻也比明喻和暗喻更简洁。

词汇扩展

1."保"有"使不受损坏和不出差错""保护""保证"的意思。猜猜下面词语的意思，并造句。

保安：

保本：

保持：

保存：

保管：

保健：

保留：

保密：

保守：

保险：

保鲜：

保修：

保养：

保温：

保重：

2."评"有"批评""评判"的意思。猜猜下面词语的意思，并造句。

评比：

评定：

评估：

评审：

评论：

评说：

　　评选：

　　评语：

综合练习

一、根据课文回答问题

　　1. 孔丘生前有没有被重用？为什么？

　　2. 统治阶级为什么尊崇孔子？

　　3. 中国最大的孔庙在哪儿？它有哪些组成部分？

　　4. 孔子的后代受到了哪些优惠？

　　5. 为什么说孔庙是建筑标本的陈列馆？

　　6. 奎文阁前的同文门最引人注目的是什么？

　　7. 大成殿里都有什么？

二、模仿下列句子造句

　　1. 尽管他生前只是个"布衣"，死后他的思想却统治了中国两千年，连他的后代也靠了他的余荫，过上了幸福生活。

　　尽管他是个孩子，却让一家人过上了好日子，连他的亲戚，也沾了他的光。

　　_____

　　_____

　　2. 他想找一个能重用他的封建主来实现他的政治理想，但始终不得志，最后只得坐下来写书，也许他自己也没有想到，这本书却流传百世。

　　他想找个好工作，但始终没找着，最后只好自己开公司，也许他自己也没想到，会成为著名的企业家。

　　_____

　　_____

　　3. 今天，中国很多城市都有一座孔庙，而其中最大的一座就在山东省。

　　今天许多地方都在搞旅游经济，而搞得最好的是这个城市。

　　_____

　　_____

4. 孔庙曾经多次受到破坏，但是统治者总是把它恢复重建起来，而且规模越来越大。

公款吃喝曾经多次被下令禁止，但是总是有人违反规定，而且情况越来越严重。

_____

_____

5. 由于统治者对孔子的重视，连他的子孙也沾了光，除了庙东那座"衍圣公府"外，曲阜县的知县也必须是孔氏族人，而且必须由"衍圣公"推荐，朝廷才能任命。

他由于经济状况的改变，连社会地位也提高了，除了一些商业活动外，政府的一些活动也请他去参加，而且一些问题必须听取他的意见，才做出决定。

_____

_____

_____

6. 他们不但重修了孔庙，而且为了保护孔庙，干脆废弃了原来的县城，再建了一个。

他们不但拿走了珍贵文物，而且为了方便，干脆连汽车也开走了。

_____

_____

三、给下列句子重新排序

1. 每根柱上雕出"双龙戏珠"。

2. 柱脚刻出石山，下面由莲瓣柱础承托。

3. 它在阳光闪烁下栩栩如生，

4. "升龙"由下蟠上去，头向下，中间雕出宝珠。

5. 这座殿最引人注目的是它前廊的十根精雕蟠龙石柱。

6. "降龙"由上蟠下来，头向上。

7. 这些蟠龙不是一般的浮雕，而是附在柱身上的圆雕。

8. 是建筑与雕刻相辅相成的杰出的范例。

（　　　　　　　　　　　　　）

四、根据课文的描述，你能想象出孔庙是什么样的吗？请把它画出来

五、给下列字注音并组词

尊＿＿＿＿＿　　　遵＿＿＿＿＿　　　肯＿＿＿＿＿　　　骨＿＿＿＿＿

脆＿＿＿＿＿　　　诡＿＿＿＿＿　　　嫡＿＿＿＿＿　　　滴＿＿＿＿＿

牌＿＿＿＿＿　　　碑＿＿＿＿＿　　　弃＿＿＿＿＿　　　异＿＿＿＿＿

奉＿＿＿＿＿　　　捧＿＿＿＿＿　　　瓣＿＿＿＿＿　　　辩＿＿＿＿＿

六、选词填空（注意：有的词可以互相替换）

1. 宣扬、宣传

封建统治阶级（　　　　　）孔子思想，麻痹劳动人民。

先进事迹要大力（　　　　　）。

推销员正在（　　　　　）他们公司的产品。

2. 企图、妄图、试图

那个罪犯（　　　　　）逃跑。

那些老人（　　　　　）爬上山顶。

恐怖组织（　　　　　）破坏世界和平。

他的（　　　　　）是通过作弊，考上大学。

3. 以及、及、和

他得到的奖金，（　　　　　）我送的一百块钱，都给了贫困学生。

水、粮食（　　　　　）衣服，都是生活必需品。

我（　　　　　）他一起来厦门读书。

4. 维护、保护

出于对当事人的（　　　　　），电视上没有出现他的画面。

（　　　　　）国家安全，是政府的重要责任。

不仅要学会使用机器，而且要学会（　　　　　）机器。

5. 必然、必定

他们的性格相差太大，离婚是（　　　　　）的结果。

你放心，这件事（　　　　　）要解决。

6. 始终、一直

三十多年了，他（　　　　　）不愿去见他的父亲。

这个习惯，他（　　　　　）坚持了三十多年。

七、填写宾语

实现_____　　利用_____　　麻痹_____　　维护_____

宣扬_____　　阻止_____　　推荐_____　　发展_____

保存_____　　具备_____　　供奉_____　　挽救_____

八、写出下列各词的反义词

宏大_____　　茂密_____　　具体_____　　次要_____

一般_____　　精美_____　　顺利_____　　必然_____

九、指出下列比喻句属于哪一种类型并说明理由

1. 天黑得如同一口锅，令人迈不开步。（　　　　　）

2. 母亲是大地，我就是小草。（　　　　　）

3. 如今的北京城，天上有"锅盖"（雾霾），地下有"黑龙"（汽车尾气）。（　　　　　）

4. 春天到了，大地变成了一片绿毯。（　　　　　）

5. 弯弯的月亮像一条小船挂在夜空中。（　　　　　）

十、讨论题：孔子与中国文化

1. 从孔庙的规模、结构、陈设反观孔子的地位。

2. 为什么统治阶级对孔子极其尊崇？

十一、作文：

1. 描写一个建筑

2. 议论一种中国文化现象

十二、阅读

四合院是北京传统的住宅形式，为什么称作"四合院"，这是因为整个建筑东、西、南、北四面都有房子，围合在一起。

北京的四合院有大、中、小三种不同规格。

小四合院布局较为简单，一般是北房（又叫正房）3间，大多都用隔断分成一明两暗或两明一暗。东西厢房各2间，南房（又叫倒座房）3间，其中最东面的一间开作门洞。大门多是起脊门楼，院内都有青砖墁的甬道与各室相通。老北京人一家两三辈人多住这样的小四合院，其中长辈住正房，晚辈住厢房，南房一般用作客厅或书房。如西四北三条胡同 19 号院。

中四合院一般都有三进院落，正房多是 5 间或 7 间，并配有耳房。正房建筑高大，都有廊子。东、西厢房各 3 间或 5 间，厢房往南有山墙把庭院分开，自成一个院落，山墙中央开有垂花月亮门。垂花门是内外的分界线。民间常说的"大门不出，二门不迈"的"二门"指的就是这道垂花门。前院又叫外院，外院东西各有一、两间厢房，要比里院的厢房小一些，它多用作厨房或仆人的居室。邻街是 5 至 7 间倒座南房，最东面一间开作大门，接着是门房，再是客厅或书房，最西面的一间是车房。如西四北三条胡同 11 号院。

大四合院建筑雄伟，房屋高大，院落重叠，前廊后厦，抄手游廊，垂花门，影壁，隔断都十分讲究，院内有院，院外有园，院园相通，为大型住宅建筑，非一般人所能居住。如府学胡同 36 号院。

四合院的建筑布局明显受到古代风水说的影响，大门都不开在中轴线上，而开在八卦的"巽"位或"乾"位。所以路北住宅的大门开在住宅的东南角上，路南住宅的大门开在住宅的西北角上。大门内外设有影壁。

北京的四合院院子比例大小适中，冬天太阳可照进室内，正房冬暖而夏凉，庭院是户外活动的场所。正房或正厅无论在尺度上、用料上、装修的精致程度上都大于、优于其他房屋。长辈住正房，晚辈住厢房，妇女住内院，来客和男仆住外院；符合中国古代家庭生活中要区分尊卑、长幼、内外的礼法要求。

（网络文章，见 http://eladies.sinma.com.cn/custom/house/1999-7-11/4648.shtml）

根据短文回答问题：

1. 北京传统的住宅为什么叫"四合院"？
2. 一般"正房"在哪个位置？谁住正房？
3. 四合院的大门开在什么位置？为什么？
4. 四合院有什么优点？

第十课　肠道如何改造我们的大脑

课　文

"调整一点饮食习惯也许会有帮助……"

作为一名神经外科医生，我几乎每天都会很多次的用这个答复来应对一些病人、身边家人、朋友或者网络上的各种提问者，直到我最没什么道理的朋友——阿斯，和我聊到他十四岁女儿的青春期叛逆。之所以这么说他，是因为他几乎是我所有男性朋友中最焦虑最纠结从而最叽噪的，并且年届四十毫无改观。这么多年能保持一直相处，我想完全得益于我的容人之量和他什么都会脱口而出的焦虑。

"我以为你会说些专业意见！"微信另一头的他完全是一副"你该为你的敷衍有所愧疚！"的态度。直到这时候我才意识到，原来这句我常常使用的答复在大多数人听来会被看待为不甜不淡的传统敷衍、无足轻重的慰问式关怀，并立即被大脑作为"无价值，不须考虑的闲聊"而放入"当没听见"。也是这时候，我才意识到在这个问题上，国内国外巨大的观念落差。在"脑肠轴"、"麸质不耐受"、"生酮饮食"这些近年来颠覆性的重要健康研究发现与成果已经在西方广为普及，并且进入家庭饮食行为，深刻影响群体健康状况时，在国内，我们大部分人对此还一无所知，甚至没有基本的观念上的接触。

基于对肠道和大脑关联性的认识，通过调节饮食习惯和针对性饮食，改善情绪、意识行为、身体状况，甚至一些病理反应，这样的在留学期间早已经习惯成自然的专业性思考，在国内仍在被绝大多数人甚至一部分专业人士当做无稽之谈与"玄学"。

正是这个原因，驱使我产生了撰写这个专栏的想法，一方面，在我个人，不至于因为当我再次回答"不是脑子想，而是肠子想"、"你快被面粉毒死了"、"多吃点脂肪会减少你的心血管发病风险"这些答案时被继续误会；另一方面，也向国内的各位读者系统性地介绍这个近年来国际上发展迅猛、神奇奥妙而又与每个人生活的细枝末节息息相关的医学领域——"脑肠轴"。

肠道是我们的第一个器官。当我们从一个受精卵开始生命的萌芽，细胞逐步分裂，聚集成团，直到形成一个空心球。有一天这个球表面的某个地方向里面凹陷了进去，而这个凹陷会最终发展成我们的消化道（主要是肠道）。所以，我们确确实实在没有大脑之前就先有了肠子，肠道才是人类生命的第一个器官。

与大脑的沟回结构相似，肠子内部也以一种褶皱结构来高效增加表面积，通过这种褶皱结构，我们的小肠拥有了近 20 米的长度。而在小肠的表面，又以一平方毫米 18 根的密度布满了细小的肠道绒毛，每根绒毛又还被无数肠道微绒毛包被着，这些褶皱、绒毛、微绒毛展开拉平，光小肠就可以铺开差不多 200 平米的面积。这个巨大的表面积和丰富的感知终端，可以让我们的肠道获取身体内各种信息。所以，是的，在我们通过视觉、听觉、嗅觉、味觉、触觉感知外部世界时，肠道则是感知我们体内世界最重要的器官。而这种感知被如此忽略的原因则是，绝大多数的信号在被处理的过程中并不像五感一样能被意识识别，这是不是让你想到一个词——"潜意识"？别着急，我们接着往下看——

除了一个面积阔大、终端细密的感知结构之外，在肠道中还存在着超过一亿个的神经元，这个数量完全可以和大脑中的神经元数量相媲美。藉由这些神经元，肠道不但可以感知身体内部的情况，还能处理、分析、传递这些信号。神经元镶嵌在消化道的肌肉之间形成丰富的神经网络，使得肠道能够时刻监视着身体里面发生的情况，它认识我们吃进来的各种食物分子，它会偷偷地观察我们身体的免疫细胞，它会分泌影响我们情绪的各种激素……

目前我们已知的肠道可以生成超过 30 种神经递质。譬如，左右着我们所有情绪表现，被科学家们称为"幸福荷尔蒙"的血清素，在我们体内 90% 以上都是由肠道内的内分泌细胞合成的。再譬如近年来已经越来越被读者们认知，关系着生命的基础动力、生活的基本动机的多巴胺，也有

50% 是通过肠道产生的。此外还有 5−羟色胺、γ−氨基丁酸这些已经被验证与我们的行为方式密切相关的激素都和肠道有着密切的关系。

　　现在，综合上面谈到的这些，我们已经确确实实地知道，肠道每时每刻都在感知我们体内的各种信息，然后发出各种关于我们身体内部的信号，并将它们传递到大脑的不同功能区域，而在这些区域，这些信号将以各种形式作用于我们的情绪、记忆、认知、自我感知等各个方面，并最终改造我们——到这儿，我们已经可以确信，肠道形成了我们很大一部分的潜意识。它用我们不能感知的方式，将我们意识不到的动机潜藏在行为之下，成为那个称为"我"的独特意志的一部分。

　　如果到这儿已经让你感到不可思议，接下来我们要聊到的可能会将你带入一个新的层次，重新检视对生命真相的思考。肠道有着自己一整套完善的生态系统，在这个系统中，定居着数量超过 100 万亿的细菌，这个数量是人体细胞的 10 倍。而且，像我们的指纹一样，每个人体内的细菌菌群都是独一无二的，它们的形成来自于我们从出生到成长过程的每一步过程：我们是剖腹产还是顺产，我们接触过什么，我们的生活习惯，我们的身体的健康状况怎么样……都会在这些寄居于我们肠道的小生物上反映出来。同样，现代医学也正在一步步揭示着这些肠道菌群对我们行为的影响，可以确信的是，这些影响机制将是我们在认知"自我"的路上，前所未有的一段颠覆性历程。大胆一点说，随着这个研究的深入，我们可能会遇上一些真正的困扰，一些根本性的问题：意志的来源究竟是人类自己，还是由其他生物所赋予的"它们的意志"（几乎如同 Matrix）。

（作者：周倩；选自公众号倩 Sur）

生　词

　　1.肠道 chángdào　肠。消化器官的一部分。形状像管子，上端连胃，下端通肛门，起消化吸收作用。

　　2.神经 shénjīng　（名）　把中枢神经系统的兴奋传递给各个器官，或把各个器官的兴奋传递给中枢神经系统的组织。由许多神经纤维构成。

3. 叛逆 pànnì （动） 反叛常规；背叛。

4. 焦虑 jiāolǜ （形） 焦急忧虑。

5. 纠结 jiūjié ①（形）思绪纷乱，不知道该怎么办。②（动）互相缠绕。

6. 叽噪 jī zào 叽叽呱呱，形容话多且不重要，惹人烦。

7. 毫无改观 háo wú gǎiguān 一点都没有（向好的方面）发展或改变。

8. 容人之量 róngrén zhī liàng 容纳别人的心胸，常用在接纳不同意见、观点。

9. 脱口而出 tuōkǒu'érchū （成） 不加思索，随口说出。

10. 敷衍 fūyǎn （动） 做事不负责或待人不诚恳，只做表面上的应付。

11. 愧疚 kuìjiù （形） 惭愧不安。

12. 无足轻重 wúzú-qīngzhòng （成） 不足以影响事物的轻重。指无关紧要，不值得重视。

13. 落差 luòchā （名） 高度之间的差数（常用于河床的水位）；比喻对比中的差距或差异。

14. 脑肠轴 nǎochángzhóu （名）即脑肠之间的相互联系。

15. 麸质 fūzhì （名） 谷物特别是小麦中的一组蛋白质。

16. 耐受 nàishòu 忍耐；经受得住。

17. 生酮 shēngtóng （名） 酮：有机化合物的一类。

18. 颠覆 diānfù （动） 颠倒秩序；推翻。

19. 一无所知 yīwúsuǒzhī （成） 一点都不知道。

20. 观念 guānniàn （名） 思想意识；客观事物在人脑中留下的概括的形象。

21. 关联 guānlián （动） 事物相互之间发生牵连和影响。

22. 意识 yìshí ①（动）觉察（常跟"到"连用）。②（名）人的头脑对于客观物质世界的反映。

23. 病理 bìnglǐ （名） 疾病发生发展的过程和原理。

24. 无稽之谈 wújīzhītán （成） 没有根据的说法。

25. 玄学 xuánxué （名） 原是道家（道教）哲学上的一个用语，现在泛指形而上学或虚玄之说。

26. 驱使 qūshǐ （动） 强迫人按自己的意志行动；（被）推动。

27. 撰写 zhuànxiě （动） 写作。撰：书面语，写。

28. 系统 xìtǒng ①（形） 有条理的，连贯的。②（名） 同类事物按一定的关系组成的整体。

29. 迅猛 xùnměng （形） 快速而猛烈。

30. 细枝末节 xìzhī-mòjié （成） 比喻事情或问题的细小而无关紧要的部分。

31. 息息相关 xīxī-xiāngguān （成） 形容彼此关系非常密切。息息：每一次的呼吸。关：关联。

32. 器官 qìguān （名） 在动植物和人体内，几种不同组织结合成一定形态，具有一定机能的部分。如动物的胃、心、肺，植物的根、茎等。

33. 受精 shòujīng （动） 卵子和精子相结合。精（子）：动植物的雄性生殖细胞。

34. 卵 luǎn （名） ①动植物的雌性生殖细胞。②动物的蛋。

35. 细胞 xìbāo （名） 生物体的结构和功能的基本单位。

36. 凹陷 āoxiàn （形） 周围高中间低。

37. 消化道 xiāohuàdào 具有消化、吸收食物和排出残余废料功能的管状及部分囊状的通道，包括口、咽、食管、胃、小肠和大肠。

38. 褶皱 zhězhòu （名） 皱纹。

39. 表面积 biǎomiànjī （名） 物体表面的大小。

40. 绒毛 róngmáo （名） ①人或动物身体表面和某些器官内壁长的短而柔软的毛。②织物上连成一片的纤细而柔软的短毛。

41. 感知 gǎnzhī （动） 感觉。

42. 识别 shíbié （动） 辨认；辨别。

43. 潜意识 qiányìshí （名） 也称下意识，心理学上指不知不觉、没有意识的心理活动。是机体对外界刺激的本能反应。

44. 终端 zhōngduān （名） （狭长东西的）头。

45. 神经元 shénjīngyuán （名） 神经组织的基本单位。也叫神经细胞。

46. 媲美 pìměi （动） 比美。

47. 藉由 jiè yóu 同"借由"。通过、经由。

48. 镶嵌 xiāngqiàn （动） 把一物体嵌入另一物体内。嵌：把较小的东西卡进较大东西上面的凹处（多指美术品的装饰）。

49. 监视 jiānshì （动） 从旁严密注视、观察。

50. 分子 fēnzǐ （名） 物质中能够独立存在并保持本物质一切化学性质的最小微粒。

51. 免疫 miǎnyì （动） 由于具有抵抗力而不患某种传染病。

52. 分泌 fēnmì （动） 从生物体的某些细胞、组织或器官里产生出某种物质。

53. 激素 jīsù （名） 内分泌腺分泌的物质。旧称荷尔蒙。

54. 递质 dìzhì （名） 也称神经递质，是神经传递物质。

55. 荷尔蒙 hé'ěrméng （名） 激素的音译词。

56. 血清素 xuèqīngsù （名） 一种神经递质。血清：血浆除去纤维蛋白后的胶状液体。

57. 内分泌 nèifēnmì （名） 人或高等动物体内有些腺体或器官能分泌激素，不通过导管，由血液带到全身，从而调节机体的生长、发育和生理机能，这种分泌叫内分泌。

58. 认知 rènzhī （动） 通过思维活动认识、了解。

59. 多巴胺 duōbā'àn （名） 一种神经递质。

60. 5-羟色胺 5-qiǎngsè'àn （名） 一种神经递质。

61. γ-氨基丁酸 γ-ānjīdīngsuān （名） 一种神经递质。

62. 潜藏 qiáncáng （动） 隐藏。

63. 不可思议 bùkě-sīyì （成） 原为佛教用语，指思想言语所不能达到的境界。后形容对事物或言论无法想象、很难理解。

64. 生态 shēngtài （名） 指生物在一定的自然环境下生存和发展的状态。

65. 剖腹产 pōufùchǎn （动） 用手术刀切开产妇的腹壁和子宫壁，取出胎儿。剖：破开。

66. 机制 jīzhì　（名）　①泛指一个工作系统的组织或部分之间相互作用的过程和方式。②指有机体的构造、功能及其相互关系。③机器的构造和工作原理。

67. 前所未有 qiánsuǒwèiyǒu　（成）　以前从来没有过。

68. 赋予 fùyǔ　（动）　给予、交给（重大任务、使命等）。

词语例释

1. 几乎

①几乎　简直

"简直"是副词，意思是"完全接近""等于"；"几乎"也是副词，意思是"接近"，程度比"简直"低。两个词基本可以互换。如：

　　他几乎要被气死。（简直）。

　　我几乎认不出她来。（简直）

但是"简直"常用于感叹，用夸张的语气表示强烈的情感，而"几乎"一般不这么用。如：

　　简直太冷了！（几乎 ×）

　　简直好吃极了！（几乎 ×）

②几乎　差不多

"几乎"只作副词，多用于程度上，含夸张意味；"差不多"可作副词和形容词，一般指具体的数量、时间等。如：

　　声音太小，几乎听不见。

　　差不多有两千人参加那个晚会。（一般不用"几乎"）

　　这个公司差不多办了六年了。（一般不用"几乎"）

　　姐妹俩长得差不多。（几乎 ×）

另外，"差不多"有"够了"的含义，如：

　　差不多行了，何必把人往死里逼。

③几乎　差点儿

"几乎"表示眼看就要发生而结果并未发生，与"差一点儿"意思相同，只是"差一点儿"常用于口语。另外，"差一点儿"用于表示不希望发生的事情时，否定和肯定的意思是一样的，而"几乎"没这个用法。如：

> 我们差一点儿就成功了，可惜最后时间不够。（几乎）
>
> 要不是你提醒，我差一点儿忘了那件事。（几乎）
>
> 要不是你提醒，我差一点儿没忘那件事。（几乎 ×）

2. 使得

表示引起一定的结果。如：

> 那个消息使得他睡不好觉。
>
> 父亲的去世使得他不得不离开学校，开始工作。

3. 叛逆　背叛

叛逆语义轻，多指反叛心理；背叛语义重，指投向另一方，伤害或反对原来所在的方面。如：

> 孩子的成长会经历三个叛逆期。
>
> 他的性格很叛逆，什么反传统他做什么。
>
> 出轨意味着背叛婚姻。
>
> 她背叛了自己的祖国。

4. 容人之量

> 领导要有容人之量才能把工作做好。
>
> 有容人之量的人比较容易相处。

5. 敷衍　应付

敷衍是贬义词，指做事不负责或待人不诚恳，侧重于表面上、口头上；应付指不认真处理，采取办法、措施凑合过去，侧重于行动上、方法上：

> A：老板马上要来查问这件事情，你帮我应付一下，好吗？
>
> B：好的。

A：这是很重要的事，别敷衍我喔。

"应付"有时还指对人对事采取适当的方法、措施来对待、处理。如：

他的能力很强，对什么事情都能应付自如。

6. 观念　意识

观念是名词，侧重指主客观长期作用而形成的系统的认识；意识可以做动词和名词，侧重于觉察、感觉。如：

"养儿防老""多子多福"是中国人的传统观念。

她昏迷了，但是还有意识。

他意识不到自己的错误。

词汇扩展

1. 现：有很多意思，其中比较常见的有"此刻""临时""当时""可以拿出来的""露在外面的"等。猜猜下面词语的意思，并造句。

现场：

现成：

现代：

现货：

现金：

现任：

现实：

现象：

现行：

现形：

现状：

现眼：

2.~ 性：表示含有某种性质或特性。猜猜下面词语的意思，并造句。

系统性：

整体性：

人性：

适应性：

颠覆性：

原则性：

差异性：

综 合 练 习

一、根据课文回答问题

1. 作者为什么要写这篇文章？

2. 肠道和大脑有何关联性？

3. 肠道和我们的情绪有何关系？

二、请将下列词语放在适当的位置

1. A 雨下得 B 很大，但是他 C 还是决定 D 去旅游。（尽管）

2. A 她幸福得 B 要 C 窒息过去。（几乎）

3. A 是哪个人 B 有这么大的面子 C 可以说服他。（到底）

4. 听到 A 老师 B 表扬他，他 C 心里高兴。（自然）

5. A 看到这些孩子，B 他 C 年轻了许多。（仿佛）

6. A 这两天他出差 B 去北京了，要不然客人 C 不知道住到哪儿去。
（幸亏）

7. A 他 B 不明白为什么自己 C 学汉语学得这么慢。（始终）

8. A 他 B 多年的工作经验，C 他知道这件事不是那么容易处理的。（凭）

9. 这 A 是你自己的事，B 让别人替你做，C 不是不好意思？（岂）

10. 老太太 A 的絮叨 B，让他觉得 C 很烦。（没完没了）

11. 他 A 始终想不起她的名字，B 冲她 C 笑了笑。（只好）

12. 她 A 是上班一族，没资格 B 看着一大笔钱像雪一样 C 化成水。（只）

三、认一认并组词

梗（　　）便（　　）　　粗（　　）组（　　）祖（　　）

仍（　　）扔（　　）　　哄（　　）洪（　　）共（　　）

呼（　　）乎（　　）　　龙（　　）笼（　　）拢（　　）

围（　　）国（　　）　　绕（　　）饶（　　）烧（　　）

直（　　）值（　　）　　菜（　　）踩（　　）彩（　　）

痒（　　）样（　　）　　仿（　　）访（　　）防（　　）

四、用指定的词语完成句子

1. 他脸红得＿＿＿＿＿＿＿＿＿＿＿＿＿＿＿＿＿＿＿（像………似的）。

2. 听到这激动人心的消息，＿＿＿＿＿＿＿＿＿＿＿＿＿（几乎）。

3. 收到这么一大束玫瑰，她＿＿＿＿＿＿＿＿＿＿＿＿＿（仿佛）。

4. 虽然不对，可大家都这么做，＿＿＿＿＿＿＿＿＿＿＿（纠结）。

5. 他将所发生的事都想了一遍，＿＿＿＿＿＿＿＿＿＿＿（得益于）。

6. 依丽绝不会做这样的事，＿＿＿＿＿＿＿＿＿＿＿＿＿（意识）。

五、模仿下列句子造句

1. 这些近年来颠覆性的重要健康研究发现与成果已经在西方广为普及，并且进入家庭饮食行为，深刻影响群体健康状况，但是，在国内，我们大部分人对此还一无所知，甚至没有基本的观念上的接触。

＿＿＿＿＿＿＿＿＿＿＿＿＿＿＿＿＿＿＿＿＿＿＿＿＿＿

＿＿＿＿＿＿＿＿＿＿＿＿＿＿＿＿＿＿＿＿＿＿＿＿＿＿

2. 基于对肠道和大脑关联性的认识，在国内仍在被绝大多数人甚至一部分专业人士当做无稽之谈与"玄学"。

＿＿＿＿＿＿＿＿＿＿＿＿＿＿＿＿＿＿＿＿＿＿＿＿＿＿

＿＿＿＿＿＿＿＿＿＿＿＿＿＿＿＿＿＿＿＿＿＿＿＿＿＿

3. 正是这个原因，驱使我产生了撰写这个专栏的想法，一方面，在我个人，不至于因为当我再次回答"不是脑子想，而是肠子想"这些答案时被继续误会；另一方面，也向国内的各位读者系统性地介绍这个近年来国际上发展迅猛、神奇奥妙而又与每个人生活的细枝末节息息相关的医学领域——"脑肠轴"。

_____

_____

_____

4. 与大脑的沟回结构相似，肠子内部也以一种褶皱结构来高效增加表面积，通过这种褶皱结构，我们的小肠拥有了近 20 米的长度。而在小肠的表面，又以一平方毫米 18 根的密度布满了细小的肠道绒毛。

_____

_____

_____

六、选词填空

独一无二　不可思议　还是　生态　而且　机制　怎么样

如果到这儿已经让你感到（　　　　），接下来我们要聊到的可能会将你带入一个新的层次，重新检视对生命真相的思考。肠道有着自己一整套完善的（　　　　）系统，在这个系统中，定居着数量超过 100 万亿的细菌，这个数量是人体细胞的 10 倍。（　　　　）像我们的指纹一样，每个人体内的细菌菌群都是（　　　　）的，它们的形成来自于我们从出生到成长过程的每一步过程：我们是剖腹产（　　　　）顺产，我们接触过什么，我们的生活习惯，我们的身体的健康状况（　　　　）……都会在这些寄居于我们肠道的小生物上反映出来。同样，现代医学也正在一步步揭示着这些肠道菌群对我们行为的影响，可以确信的是，这些影响（　　　　）将是我们在认知"自我"的路上，前所未有的一段颠覆性历程。

七、将下列句子排序组成一段话

1. 为什么断掉的手指不能再生，而只能愈合呢？

2. 这有两个可能的原因：

3. 权衡利弊，自然选择淘汰了这种过度的尽管是有用的再生能力。

4. 第一，自然选择无法精确地将极少数几个拥有断指再生能力的原始人选择出来。

5. 一个拥有 10 根手指和一个拥有 9 根手指的原始人，在各方面都差别不大。

6. 换句话说。在自然选择面前，一个拥有 10 根手指和一个拥有 9 根手指的原始人的生存机会是相等的。

7. 第二，如若具备这种断指再生能力，那可能要付出很高的代价。

8. 这就使得断指再生能力的基因，很难被选择出来，因此也就无法被保存下来。

9. 再生能力不可避免地要涉及细胞的分裂，而允许细胞分裂将会增加得癌症的风险。

10. 精确地控制细胞分裂的难度极高。

11. 一旦控制出现了差错，某个细胞的分裂在该停止的时候没有停止，而是继续生长，就会发展成肿瘤。

（　　　　　　　　　　　　　　）

八、讨论题：你觉得心理健康和身体健康是什么样的关系？

九、写作题：介绍一个物件或科普一个经常引起人们误会的知识点

十、阅读

大多数科学家估计：80% 的癌是环境因素造成的，而人们的膳食可能与 50% 的癌症有关。究竟哪些食物与致癌有关呢？目前得到公认与以下食物有关。

（1）食物中诱变剂含量高的，如烤饼、烤鱼、烤肉等。

（2）食物中污染物质高的，如蔬菜、瓜果中的杀虫剂，食品中对人体有害的添加剂。

（3）油炸、熏烤食品，如油条、炸鱼、烤羊肉串、烤鸡、烤鸭等。在此类食品制作过程中，不仅会降低食品的营养成分，破坏维生素 A、B、C 等，同时可产生具有较强致癌作用的有害物质。

（4）高脂肪膳食在癌高发区及某些国家调查表明，脂肪、肉类、食糖摄入量高的，结肠癌、乳腺癌、宫颈癌等发病率也高。

所以，为了能有一个健康的身体，人们在日常生活中应从点滴着手，养成良好的饮食习惯，防癌于未然。

蔬菜自古以来是人们饮食中不可缺少的组成部分，自然界中存在着许多防癌抗癌物质，其中最容易选择的是蔬菜，科学家们研究证实，科学地选择食用蔬菜对预防癌的发生有着重要的作用。例如：

大蒜，可以预防胃癌。芦笋（龙须菜）被认为是最理想的保健食品，列为世界十大名菜之一，对高血压、心脏病、疲劳等症均有一定的疗效。科学家认为，食物中所含的粗纤维有刺激胃肠蠕动的通便之功，能使污染或分解产生的致癌物质尽快排泄，以减少肠内吸收和对肠壁的局部刺激。

目前世界上公认的饮食防癌十大要点：

（1）少吃脂肪、肉类和使身体过于肥胖的食物。体重超过正常标准的人，有近半数易患癌症。

（2）不能吃霉变的花生米、黄豆、玉米、油脂等粮油食物。

（3）多吃新鲜的绿叶蔬菜、水果、菇类等，以增加体内的维生素，抑制癌细胞的繁殖。

（4）多吃含维生素 A 和 B 的食物，如肝、蛋、奶等以及胡萝卜，可减少肺癌的发生。

（5）多吃粗纤维食物，如胡萝卜、芹菜、莴苣等蔬菜，可减少癌的发生。

（6）少吃盐腌制品、亚硝酸盐处理过的肉类、熏制食物及泡菜等，可减少胃癌的发生。

（7）少喝含酒精的饮料，以防喉癌、食道癌。

（8）适当控制热量的摄入，可明显降低直肠癌的发病率。

（9）合理进补能提高人体免疫功能的某些滋补品，如人参、蜂王浆、薏仁米等，有直接抑癌的功效。

（10）少用辛辣调味品，如肉桂、茴香、花椒、肉蔻等，过量食用这些食物有可能促进癌细胞的增生，从而加速癌症的恶化。

（网络文章，见 http://sd.china.com.cn/a/2015/xjoe0829/301968.html 和 http://www.doc88.com/p-083372128165.html）

回答问题：

1. 举例说明健康与饮食的关系。

2. 谈谈你的饮食习惯并说说它是否健康。

3. 你对本文的观点是赞成还是反对？为什么？

第十一课 闰土

课 文

"还有闰土，他每到我家来时，总问起你，很想见你一回面。我已经将你到家的大约日期通知他，他也许就要来了。"母亲说。

这时候，我的脑里忽然闪出一幅神异的图画来：深蓝的天空中挂着一轮金黄的圆月，下面是海边的沙地，都种着一望无际的碧绿的西瓜，其间有一个十一二岁的少年，项带银圈，手捏一柄钢叉，向一匹猹[1]尽力地刺去，那猹却将身一扭，反从他的胯下逃走了。

这少年便是闰土。我认识他时，也不过十多岁，离现在将有三十年了；那时我的父亲还在世，家景也好，我正是一个少爷。那一年，我家是一件大祭祀的值年[2]。这祭祀，说是三十多年才能轮到一回，所以很郑重；正月里供祖像，供品很多，祭器很讲究，拜的人也很多，祭器也很要防偷去。我家只有一个忙月（我们这里给人做工的分三种：整年给一定人家做工的叫长工；按日给人做工的叫短工；自己也种地，只在过年过节以及收租时候来给一定人家做工的称忙月），忙不过来，他便对父亲说，可以叫他的儿子闰土来管祭器的。

我的父亲允许了；我也很高兴，因为我早听到闰土这名字，而且知道他和我仿佛年纪，闰月生的，五行缺土[3]，所以他的父亲叫他闰土。他是能装弶，捉小鸟雀的。

我于是日日盼望新年，新年到，闰土也就到了。好容易到了年末，有一日，母亲告诉我，闰土来了，我便飞跑地去看。他正在厨房里，紫色的圆脸，头戴一顶小毡帽，颈上套一个明晃晃的银项圈，这可见他的父亲十分爱他，怕他死去，所以在神佛面前许下愿心，用圈子将他套住了。他见人很怕羞，只是不怕我，没有旁人的时候，便和我说话，于是不到半日，我们便熟识了。

　　我们那时候不知道谈些什么，只记得闰土很高兴，说是上城之后，见了许多没有见过的东西。

　　第二日，我便要他捕鸟。他说：

　　"这不能。须大雪下了才好。我们沙地上，下了雪，我扫出一块空地来，用短棒支起一个大竹匾，撒下秕谷，看鸟雀来吃时，我远远地将缚在棒上的绳子只一拉，那鸟雀就罩在竹匾下了。什么都有：稻鸡，角鸡，鹁鸪，蓝背……"

　　我于是又很盼望下雪。

　　闰土又对我说：

　　"现在太冷，你夏天到我们这里来。我们日里到海边捡贝壳去，红的绿的都有，鬼见怕也有，观音手⁴也有。晚上我和爹管西瓜去，你也去。"

　　"管贼么？"

　　"不是。走路的人口渴了摘一个瓜吃，我们这里是不算偷的。要管的是獾猪，刺猬，猹。月亮底下，你听，啦啦的响了，猹在咬瓜了。你便捏了胡叉，轻轻地走去……"

　　我那时并不知道这所谓猹是怎么一件东西——便是现在也没有知道——只是无端地觉得状如小狗而很凶猛。

　　"他不咬人么？"

　　"有胡叉呢。走到了，看见猹了，你便刺。这畜生很伶俐，倒向你奔来，反从胯下窜了。他的皮毛是油一般的滑……"

　　我素不知道天下有这许多新鲜事：海边有如许五色的贝壳；西瓜有这样危险的经历，我先前单知道他在水果店里出卖罢了。

　　"我们沙地里，潮汛要来的时候，就有许多跳鱼儿只是跳，都有青蛙似的两个脚……"

　　阿！闰土的心里有无穷无尽的稀奇的事，都是我往常的朋友所不知道的。他们不知道一些事，闰土在海边时，他们都和我一样只看见院子里高墙上的四角的天空。

　　可惜正月过去了，闰土须回家里去，我急得大哭，他也躲到厨房里，哭着不肯出门，但终于被他父亲带走了。他后来还托他的父亲带给我一包贝壳和几支很好看的鸟毛，我也曾送他一两次东西，但从此没有再见面。

现在我的母亲提起了他，我这儿时的记忆，忽而全都闪电似的苏生过来，似乎看到了我的美丽的故乡了。我应声说：

"这好极！他，——怎样？……"

"他？……他景况也很不如意……"母亲说着。

虽然我一见便知道是闰土，但又不是我这记忆上的闰土了。他身材增加了一倍；先前的紫色的圆脸，已经变作灰黄，而且加上了很深的皱纹；眼睛也像他父亲一样，周围都肿得通红，这我知道，在海边种地的人，终日吹着海风，大抵是这样的。他头上是一顶破毡帽，身上只一件极薄的棉衣，浑身瑟索着；手里提着一个纸包和一支长烟管，那手也不是我所记得的红活圆实的手，却又粗又笨而且开裂，像是松树皮了。

我这时很兴奋，但不知道怎么说才好，只是说：

"阿！闰土哥，——你来了？……"

我接着便有许多话，想要连珠一般涌出：角鸡，跳鱼儿，贝壳，猹，……但又总觉得被什么挡着似的，单在脑里面回旋，吐不出口外去。

他站住了，脸上现出欢喜和凄凉的神情；动着嘴唇，却没有作声。他的态度终于恭敬起来了，分明地叫道：

"老爷！……"

我似乎打了一个寒噤；我就知道，我们之间已经隔了一层可悲的厚障壁了。我也说不出话。

他回过头去说："水生，给老爷磕头。"便拖出躲在背后的孩子来，这正是一个廿年前的闰土，只是黄瘦些，颈子上没有银圈罢了。"这是第五个孩子，没有见过世面，躲躲闪闪……"

母亲和宏儿下楼来了，他们大约也听到了声音。

"老太太。信是早收到了。我实在喜欢得不得了，知道老爷回来……"闰土说。

"阿，你怎的这样客气起来。你们先前不是哥弟称呼么？还是照旧：

迅哥儿。"母亲高兴地说。

"阿呀，老太太真是……这成什么规矩。那时是孩子，不懂事……"闰土说着，又叫水生上来打拱，那孩子却害羞，紧紧地只贴在他背后。

"他就是水生？第五个？都是生人，怕生也难怪的；还是宏儿和他去走走。"母亲说。

宏儿听得这话，便来招水生，水生却松松爽爽同他一路出去了。母亲叫闰土坐，他迟疑了一回，终于就了坐，将长烟管靠在桌旁，递过纸包来，说：

"冬天没有什么东西了。这一点干青豆倒是自家晒在那里的，请老爷……"

我问问他的景况。他只是摇头。

"非常难。第六个孩子也会帮忙了，却总是吃不够……又不太平……什么地方都要钱，没有规定……收成又坏。种出东西来，挑去卖，总要捐几回钱，折了本；不去卖，又只能烂掉……"

他只是摇头；脸上虽然刻着许多皱纹，却全然不动，仿佛石像一般。他大约只是觉得苦，却又形容不出，沉默了片时，便拿起烟管来默默地吸烟了。

母亲问他，知道他的家里事务忙，明天便得回去；又没有吃过午饭，便叫他自己到厨下炒饭吃去。

他出去了；母亲和我都叹息他的景况：多子，饥荒，苛税，兵，匪，官，绅，都苦得他像一个木偶人了。母亲对我说，凡是不必搬走的东西，尽可以送他，可以听他自己去拣择。

下午，他拣好了几件东西：两条长桌，四个椅子，一副香炉和烛台，一杆抬秤。他又要所有的草灰（我们这里煮饭是烧稻草的，那灰，可以做沙地的肥料），待我们启程的时候，他用船来载去。

夜间，我们又谈些闲天，都是无关紧要的话；第二天早晨，他就领了水生回去了。

又过了九日，是我们启程的日期。闰土早晨便到了，水生没有同来，却只带着一个五岁的女儿管船只。我们终日很忙碌，再没有谈天的工夫。

来客也不少，有送行的，有拿东西的，有送行兼拿东西的。待到傍晚我们上船的时候，这老屋里的所有破旧大小粗细东西，已经一扫而空了。

我们的船向前走，两岸的青山在黄昏中，都装成了深黛颜色，连着退向船后梢去。

宏儿和我靠着船窗，同看外面模糊的风景，他忽然问道：

"大伯！我们什么时候回来？"

"回来？你怎么还没有走就想回来了。"

"可是，水生约我到他家玩去咧……"他睁着大的黑眼睛，痴痴地想。

老屋离我愈远了；故乡的山水也都渐渐远离了我，但我却并不感到怎样的留恋。我只觉得我四面有看不见的高墙，将我隔成孤身，使我非常气闷；那西瓜地上的银项圈的小英雄的影像，我本来十分清楚，现在却忽地模糊了，又使我非常地悲哀。

母亲和宏儿都睡着了。

我躺着，听船底潺潺的水声，知道我在走我的路。我想：我竟与闰土隔绝到这地步了，但我们的后辈还是一气，宏儿不是正在想念水生么。我希望他们不再像我，又大家隔膜起来……然而我又不愿意他们因为要一气，都如我的辛苦展转而生活，也不愿意他们都如闰土的辛苦麻木而生活，也不愿意都如别人的辛苦恣睢而生活。他们应该有新的生活，为我们所未经生活过的。

我想到希望，忽然害怕起来了。闰土要香炉和烛台的时候，我还暗地笑他，以为他总是崇拜偶像，什么时候都不忘却。现在我所谓希望，不也是我自己手制的偶像么？只是他的愿望切近，我的愿望茫远罢了。

我在朦胧中，眼前展开一片海边碧绿的沙地来，上面深蓝的天空中挂着一轮金黄的圆月。我想：希望本是无所谓有，无所谓无的。这正如地上的路；其实地上本没有路，走的人多了，也便成了路。

（节选自鲁迅的《故乡》[5]）

生 词

1. 神异 shényì （形） 神奇。

2. 一望无际 yīwàng-wújì （成） 一眼看不到边际，形容很宽广。

3. 钢叉 gāng chā 一种钢做的大叉。

4. 猹 chá （名） 一种獾类野兽。

5. 值年 zhí nián 当值的那一年；在当值的那一年承应差事或担任某项工作。

6. 祭器 jìqì （名） 祭祀用的器具。

7. 弶 jiàng （名） 一种捕捉鸟兽的工具。

8. 闰月 rùnyuè （名） 农历闰年中加的一个月。

9. 五行 wǔxíng （名） 指金、木、水、火、土五种物质。

10. 毡 zhān （名） 用羊毛等压制成的片状物。如：毡子、毡帽。

11. 明晃晃 mínghuǎnghuǎng （形） 光亮闪烁。

12. 神佛 shén fó 神：宗教中指天地万物的创造者和统治者；神话传说中的神灵、神仙。佛：佛陀的简称；佛教徒称修行圆满的人。

13. 竹匾 zhúbiǎn （名） 竹子做的长方形牌子。

14. 秕谷 bǐgǔ （名） 不饱满的稻谷或谷子。

15. 缚 fù （动） 捆绑。

16. 罩 zhào （动） 遮盖，套在外面。

17. 观音手 guānyīn shǒu 一种贝壳的名字。

18. 獾猪 huānzhū （名） 即猪獾。獾是一种哺乳类动物，因鼻子长得像猪，所以又叫猪獾。

19. 刺猬 cìwèi （名） 一种哺乳动物，头小，四肢短，身上有硬刺，受惊时蜷缩成一团。

20. 胡叉 húchā （名） 一种大叉。

21. 无端 wúduān （副） 没有来由地；无缘无故地。

22. 伶俐 línglì （形） 聪明；灵活。

23. 素 sù （副） 素来，向来。

24. 潮汛 cháoxùn （名） 一年中定期出现的大潮。

25. 无穷无尽 wúqióng-wújìn （成） 没有限度，没有尽头。

26. 希奇 xīqí （形） 稀奇，少有而奇特。

27. 苏生 sūshēng （动） 苏醒。

28. 浑身 húnshēn （名） 全身。

29. 瑟索 sèsuǒ （动） 哆嗦、发抖。

30. 回旋 huíxuán （动） 盘旋，回响。

31. 恭敬 gōngjìng （形） 对人谦恭、有礼貌；尊敬。

32. 寒噤 hánjìn （名） 寒战。因受冷或受惊而身体颤动。如：打寒噤。

33. 障壁 zhàngbì （名） 障碍。

34. 磕头 kē tóu （动） 头碰地行礼。

35. 世面 shìmiàn （名） 社会上各方面的情况。

36. 打拱 dǎ gǒng 双手抱拳于胸前行礼。

37. 松松爽爽 sōngsōng-shuǎngshuǎng 轻松愉快的样子。

38. 全然不动 quánrán bú dòng 一点也不动。

39. 片时 piànshí （名） 片刻。极短的时间；一会儿。

40. 叹息 tànxī （动） 叹气，心里不痛快而呼出长气。

41. 苛税 kē shuì 过于繁重的税收。

42. 绅 shēn （名） 有钱，有地位的人。

43. 香炉 xiānglú （名） 烧香用的器具。

44. 烛台 zhútái （名） 插蜡烛的器具。

45. 抬秤 táichèng （名） 大型杆秤，一次能称几百斤，用时把抬杠穿过秤纽，抬起来称量。

46. 草灰 cǎohuī （名） 草烧成的灰。

47. 启程 qǐchéng （动） 出发。

48. 无关紧要 wúguān-jǐnyào （成） 不重要，关系不大。

49. 一扫而空 yīsǎo'érkōng （成） 一下子清除干净，形容很快就没有了。

50. 黛 dài （名） 指黛色。青黑色。

51. 痴痴 chīchī （形） 呆呆。痴：傻；笨。

52. 孤身 gūshēn （形） 孤单一个人。

53. 气闷 qìmèn 压抑，憋闷。

54. 潺潺 chánchán （拟声） 水流的声音。

55. 隔膜 gémó （名） 隔阂，陌生。

56. 展转 zhǎnzhuǎn （动） 即辗转，经过许多地方。

57. 麻木 mámù （形） 没有感觉；比喻思想不敏锐，反应迟钝。

58. 恣睢 zìsuī （形） 任意胡为。

59. 切近 qièjìn （形） 贴近；相近；接近。

60. 茫远 mángyuǎn （形） 遥远。

注　释

1. 猹：作者在一九二九年五月四口致舒新城的信中说："'猹'字是我据乡下人所说的声音，生造出来的，读如'查'。……现在想起来，也许是獾罢。"

2. 大祭祀的值年：封建社会中的大家族，每年都有祭祀祖先的活动，费用从族中"祭产"收入支取，由各房按年轮流主持，轮到的称为"值年"。

3. 五行缺土：旧社会所谓算"八字"的迷信说法。即用天干（甲乙丙丁戊己庚辛壬癸）和地支（子丑寅卯辰巳午未申酉戌亥）相配，来记一个人出生的年、月、日、时，各得两字，合为"八字"；又认为它们在五行（金、木、水、火、土）中各有所属，如甲乙寅卯属木，丙丁巳午属火等等，如八个字能包括五者，就是五行俱全。"五行缺土"，就是这八个字中没有属土的字，需用土字或土作偏旁的字取名等办法来弥补。

4. 鬼见怕和观音手，都是小贝壳的名称。旧时浙江沿海的人把这种小贝壳用线串在一起，戴在孩子的手腕或脚踝上，认为可以"避邪"。这类名称多是根据"避邪"的意思取的。

5.本文选自《故乡》（最初发表于一九二一年五月《新青年》第九卷第一号）。作者鲁迅。

词语例释

1.将

①"把"，如：

我已经将你到家的日期通知他了。

他将我要做的事都做了。

②"快要""将近""接近"，如：

春节将近，大家都忙碌起来。

离现在将有三十年了。

2.忽而 忽然

都有"突然"的意思。"忽然"强调事情出乎意料。"忽而"侧重于指一会儿这样，一会儿那样的突然变化，且多同时用于动词或形容词前。如：

忽然下起雪来。（忽而 ×）

他忽然来了一个电话。（忽而 ×）

他忽而高，忽而低地唱着歌。（忽然 ×）

春天天气忽而冷，忽而热。（忽然 ×）

3.世面

社会上各个方面的情况。

孩子小，没见过世面，让您见笑了。

这种情况即使见过世面的人也会害怕。

4.麻木

①身体血液不通，导致感觉失灵或不舒服。如：

蹲了半天，腿都麻木了。

②比喻思想不敏锐，反应迟钝，或情感淡薄。如：

医生看到死，有时很麻木，因为他看得太多了。

他的思想麻木，很难跟上时代的步伐。

5.暗地里

私下，背着人。如：

他暗地里藏了很多枪。

看到别人倒霉，他暗地里偷偷地高兴。

6.辗转

① 身体翻来覆去。如：

他听到这个消息后，一个晚上都辗转难眠。

② 不直接，经过很多人的手或地方。如：

他辗转来到香港。

修辞例释

1.我们日里到海边捡贝壳去，红的绿的都有，鬼见怕也有，观音手也有。

这里"鬼见怕"和"观音手"都是贝壳的名称，因为前面已经说"捡贝壳"了，后面就不必再说"鬼见怕贝壳""观音手贝壳"。这种不直说事物的正式名称或全部名称，而用与之相关的名称或特征、特点等代替的方法，是一种叫借代的修辞手法。

借代在日常生活中用得很多。比如"他喜欢喝茅台"。"茅台"是中国名酒，人人知晓，所以人们常常省略"酒"，只说品牌名。再如"他开着一辆奔驰来了"。"奔驰"是全世界著名的汽车品牌，人们也常常只说品牌名，省略后面的"汽车"二字。

借代可以使语言更加简洁，如以上几例。有时为了使话语具体形象、有趣味，还可以借用所描述的事物的明显特征来代替该事物。如：

"谁说我不懂？"大胡子生气地说。

"你们是哪儿的，要干什么？"黑帽子忽然大声反问。

第一例中"大胡子"是人物的外貌特征，代指长着大胡子的人。第二例中的"黑帽子"是人物的穿着特征，代指戴黑帽子的人。

还有一类借代是用部分代整体，如：

一日不见，如隔三秋。

"秋"是一年四季中的一季，这里用以代替"年"。

言语交际中的借代现象多种多样，以上介绍的只是常用的三类。

2. 我在朦胧中，眼前展开一片海边碧绿的沙地来，上面深蓝的天空中挂着一轮金黄的圆月。

文章末尾描绘的这个情景和第二段描绘的情景基本相同。第二段描写"我"回到故乡和母亲谈及闰土时想起了闰土月下刺猹的美景及过程。末段写"我"躺在船上离开故乡时眼前再现了记忆中故乡的美丽景色，展现了"我"对故乡未来的美好憧憬。前文的内容在后文中用相同或相近的语句再次进行叙述、描写，使得文章前后部分互相关照、呼应，是文章布局谋篇的一种形式，叫"前后照应"，若运用得当，可使文章结构更加完整周密，主旨更加鲜明突出。

照应的具体方法有很多，本文用的是"同义反复"，还有反义对比、答问释悬、细节伏应等。

词汇扩展

1. 展：有"张开""展出"的意思。"展播"指以展览为目的播放。猜猜下面词语的意思并造句。

舒展：

画展：

展露：

展示：

展望：

展销：

展现：

2.闷：有"心情不舒畅""不透气"的意思。"闷热"指"天气让人透不过气的热"。猜猜下面词语的意思并造句。

烦闷：

沉闷：

闷闷不乐：

综合练习

一、回答问题

1."我"刚认识闰土时，他多大？神情、模样如何？

2."我"刚认识闰土时，家境如何？和闰土的关系怎样？

3.为什么少年闰土的见识在"我"少年时非常新鲜稀奇？

4.为什么母亲提起闰土，作者说"我似乎看到了我美丽的故乡"？

5.成年的闰土模样有什么样的改变？他对"我"的态度如何？为什么会有这样的改变？

6.从哪些词句中可以看出成年的闰土和"我"之间的隔膜？你认为造成这种隔膜的原因是什么？

7.作者为什么要写宏儿和水生的友谊？

二、写出下列句子中带点词的同义或近义词

1.我已经将你到家的大约日期通知他。

2.这少年便是闰土。

3.离现在将有三十年了。

4.那时我的父亲还在世，家景也好。

5.我的父亲允许了。

6.他见人很怕羞。

7.我远远地将缚在棒上的绳子一拉……

8.看见猹了，你便刺。

9. 我素不知道天下有这许多新鲜事。海边有如许五色的贝壳；西瓜有这样危险的经历，我先前单知道他在水果店里出卖罢了。

10. 我这儿时的记忆，忽而全都闪电般的苏生过来。

11. 我知道老爷要回来，实在喜欢得不得了。

三、认一认并组词

供（　　）洪（　　）拱（　　）轮（　　）沦（　　）伦（　　）

租（　　）诅（　　）诅（　　）抵（　　）底（　　）低（　　）

厨（　　）橱（　　）晃（　　）慌（　　）羞（　　）差（　　）

浑（　　）挥（　　）旋（　　）疑（　　）撒（　　）洒（　　）

秕（　　）批（　　）罩（　　）桌（　　）碌（　　）录（　　）

偷（　　）愉（　　）伶（　　）玲（　　）皱（　　）波（　　）

膜（　　）摸（　　）跨（　　）胯（　　）扭（　　）纽（　　）

四、课文中有个别的字，现在如果这么写就会被当作错别字，你能挑出几个来吗？

五、写出下列词语的同义词

神异—_____　　在世—_____　　郑重—_____

仿佛—_____　　伶俐—_____　　迟疑—_____

忽而—_____　　大体—_____　　障壁—_____

六、指出下列句子何处运用了借代手法

1. 今年他把旧车报废了，买了一辆宝马。

2. 那一年，她已在人世间经历了二十八个春天。

3. 上边坐着两个老爷，东边一个是马褂，西边的一个是西装。

4. 凡是愿意留下的，再不许拿人家一草一木。

5. 他最喜欢喝铁观音。

七、讨论这篇课文的深刻含义和读后的体会

八、将少年与成年闰土的外貌做个比较，并写一篇老年闰土的生活的想象作文

九、阅读

当我在小学毕了业的时候，亲友一致地愿意我去学手艺，好帮助母亲。我晓得我应当去找饭吃，以减轻母亲的勤劳困苦。可是，我也愿意升学。我偷偷地考入了师范学校——制服，饭食，书籍，宿处，都由学校供给。只有这样，我才敢对母亲提升学的话。入学，要交十元的保证金。这是一笔巨款！母亲作了半个月的难，把这巨款筹到，而后含泪把我送出门去。她不辞劳苦，只要儿子有出息。当我由师范毕业，而被派为小学校校长，母亲与我都一夜不曾合眼。我只说了句："以后，您可以歇一歇了！"她的回答只有一串串的眼泪。我入学之后，三姐结了婚。母亲对儿女是都一样疼爱的，但是假若她也有点偏爱的话，她应当偏爱三姐，因为自父亲死后，家中一切的事情都是母亲和三姐共同撑持的。三姐是母亲的右手。但是母亲知道这右手必须割去，她不能为自己的便利而耽误了女儿的青春。当花轿来到我们的破门外的时候，母亲的手就和冰一样的凉，脸上没有血色——那是阴历四月，天气很暖。大家都怕她晕过去。可是，她挣扎着，咬着嘴唇，手扶着门框，看花轿徐徐地走去。不久，姑母死了。三姐已出嫁，哥哥不在家，我又住学校，家中只剩母亲自己。她还须自晓至晚的操作，可是终日没人和她说一句话。新年到了，正赶上政府倡用阳历，不许过旧年。除夕，我请了两小时的假。由拥挤不堪的街市回到清炉冷灶的家中。母亲笑了。及至听说我还须回校，她愣住了。半天，她才叹出一口气来。到我该走的时候，她递给我一些花生，"去吧，小子！"街上是那么热闹，我却什么也没看见，泪遮迷了我的眼。今天，泪又遮住了我的眼，又想起当日孤独地过那凄惨的除夕的慈母。可是慈母不会再候盼着我了，她已入了土！

儿女的生命是不依顺着父母所设下的轨道一直前进的，所以老人总免不了伤心。我廿三岁，母亲要我结了婚，我不要。我请来三姐给我说情，老母含泪点了头。我爱母亲，但是我给了她最大的打击。时代使我成为逆子。廿七岁，我上了英国。为了自己，我给六十多岁的老母以第二次打击。在她七十大寿的那一天，我还远在异域。那天，据姐姐们后来告诉我，老太太只喝了两口酒，很早地便睡下。她想念她的幼子，而不便说出来。七七抗战后，我由济南逃出来。北平又像庚子那年似的被鬼子占据了，可是母亲日夜惦念的幼子却跑西南来。母亲怎样想念我，我可以想象得到，可是我不能回去。每逢接到家信，我总不敢马上拆看，我怕，怕，怕，怕有那不祥的消息。人，即使活到八九十岁，有母亲便可以多少还有点孩子气。失了慈母便像花插在瓶子里，虽然还有色有香，却失去了根。有母亲的人，心里是安定的。我怕，怕，怕家信中带来不好的消息，告诉我已是失了根的花草。

（节选自老舍《我的母亲》）

回答问题：

1. 我为什么只考师范大学？

2. 文中哪些句子看出母亲对子女的爱？

3. 我爱母亲，却为什么给她最大的打击？

4. 我为什么怕看家信？

第十二课 武松打虎

课 文

　　酒家赶出来叫道："客官那里去？"武松[1]立住问道："叫我做甚么？我又不少你酒钱，唤我怎地？"酒家叫道："我是好意，你且回来我家看官司榜文。"武松道："甚么榜文？"酒家道："如今前面景阳冈上，有只吊睛白额大虫，晚了出来伤人，坏了二、三十条大汉的性命。官司如今杖限猎户，擒捉发落。冈子路口都有榜文：可教往来客人，结伙成队。于巳、午、未三个时辰[2]过冈。其余寅、卯、申、酉、戌、亥六个时辰，不许过冈。更兼单身客人，务要等伴结伙而过，这早晚正是未末申初时分，我见你走都不问人，枉送了自家性命。不如就我此间歇了，等明日慢慢凑得三二十人，一齐好过冈子。"武松听了，笑道："我是清河县人氏，这条景阳冈上，少也走过了一二十遭了，几时说有大虫？你休说这般鸟话来吓我。便有大虫，我也不怕！"酒家道："我是好意救你，你不信时，进来看官司榜文。"武松道："你鸟做声！便真个有虎，老爷也不怕！你留我在家里歇，莫不半夜三更，要谋我财，害我性命，却把鸟大虫唬吓我。"酒家道："你看么！我是一片好心，反做恶意，倒落得你恁地说！你不信我时，请尊便自行！"一面说，一面摇着头，自进店里去了。

　　这武松提了哨棒，大着步，自过景阳冈来。约行了四五里路，来到冈子下，见一大树，刮去了皮，一片白，上写两行字。武松也颇识几字，抬头看时上面写道："近因景阳冈大虫伤人，但有过往客商，可于巳、午、未三个时辰，结伙成队过冈，请勿自误。"武松看了，笑道："这是酒家诡诈，惊吓那等客人，便去那厮家里宿歇。我却怕甚么鸟！"横拖着哨棒，便上冈子来。

　　那时已是申牌时分，这轮红日，厌厌地相傍下山。武松乘着酒兴，只管走上冈子来，走不到半里多路，见一个败落的山神庙。行到庙前，见这庙门上贴着一张印信榜文。武松住了脚读时，上面写道："阳谷县示：
为景阳冈上，新有一只大虫，伤害人命，现今杖限各乡里正并猎户人等行
捕，未获。如有过往客商人等，可于巳、午、未三个时辰，结伴过冈；其
余时分及单身客人，不许过冈，恐被伤害性命。各宜知悉。"

　　武松读了印信榜文，方知端的有虎，欲待转身再回酒店里来，寻思道：
"我回去时，须吃他耻笑，不是好汉，难以转去。"存想了一回，说道："怕甚么
鸟！且只顾上去，看怎地！"

　　武松正走，看看酒涌上来，便把毡笠掀在脊梁上，将哨棒绾在肋下，
一步步上那冈子来。回头看这日色时，渐渐地坠下去了。此时正是十月间
天气，日短夜长，容易得晚，武松自言自说道："那得甚么大虫？人自怕
了，不敢上山。"武松走了一直，酒力发作，一只手提着哨棒，一只手把
胸膛前袒开，踉踉跄跄，直奔过乱树林来。见一块光挞挞大青石，把那哨
棒倚在一边，放翻身体，却待要睡，只见发起一阵狂风。

　　那一阵风过了，只听得乱树背后扑地一声响，跳出一只吊睛白额大虫
来，武松见了，叫声："啊呀！"从青石上翻将下来，便拿那条哨棒在手
里，闪在青石一边。

　　那大虫又饥又渴，把两只爪在地下略按一按，和身望上一扑，从半空
里撺将下来。武松被那一惊，酒都做冷汗出来了。说时迟，那时快，武松
见大虫扑来，只一闪，闪在大虫背后，那大虫背后看人最难，便把前爪
搭在地下，把腰胯一掀，掀将起来。武松只一闪，闪在一边。大虫见掀他
不着，吼一声，却似半天里起个霹雳，震得那山冈也动，把这铁棒也似虎
尾，倒竖起来只一剪，武松却又闪在一边。原来那大虫拿人，只是一扑，
一掀，一剪，三般提不着时，气性先自没了一半。那大虫又剪不着，再吼
一声，一兜兜将回来，武松见那大虫复翻身回来，双手轮起哨棒，尽平生
气力只一棒，从半空劈将下来。只得一声响，簌簌地将那树连枝带叶劈将
下来。定睛看时，一棒劈不着大虫，原来打急了，正打在枯树上，把那条
哨棒折做两截，只拿得一半在手里。

　　那大虫咆哮，性发起来，翻身又只一扑，扑将来。武松又只一跳，却
退了十步远。那大虫恰好把两只前爪搭在武松面前。武松将半截棒丢在一

边，两只手就势把大虫顶花皮揪住，一按按将下来。那只大虫急要挣扎，被武松尽气力捺定，哪里肯放半点儿松宽。武松把只脚望大虫面门上、眼睛里只顾乱踢。那大虫只顾咆哮起来，把身底下扒起两堆黄泥，做了一个土坑。武松把那大虫嘴直按下黄泥坑里去，那大虫吃武松奈何得没了些气力。武松把左手紧紧地揪住顶花皮，偷出右手来，提起铁锤般的大小拳头，尽平生之力，只顾打，打到五七十拳，那大虫眼里、口里、鼻子里、耳朵里都迸出鲜血来，更动弹不得，只剩口里兀自气喘。武松放了手，来松树边寻那打折的哨棒，拿在手里，只怕大虫不死，把棒橛又打了一回。眼见气都没了，方才丢了棒。寻思道："我就地拖得这死大虫下冈子去。"就血泊里双手来提时，哪里提得动？原来使尽了气力。手脚都苏软了。

武松再来青石上坐了半歇，寻思道："天色看看黑了，倘或又跳出一只大虫来时，却怎地斗得过他？且挣扎下冈子去，明早却来理会。"就石头边寻了毡笠儿，转过乱树林边，一步步挨下冈子来。

（节选自《水浒传》第二十三回，有删改[3]）

生　词

1. 甚么 shènme　（代）　什么。

2. 官司 guānsī　（名）　旧指官府。

3. 榜文 bǎngwén　（名）　文告，古代一种官方通知。

4. 大虫 dàchóng　（名）　指老虎。

5. 杖限 zhàng xiàn　限定。

6. 猎户 lièhù　（名）　以打猎为业的人家。也指猎人。

7. 擒捉 qín zhuō　擒拿捕捉。

8. 发落 fāluò　（动）　处理；处置（多见于早期白话）。如：从轻发落。

9. 时辰 shíchen　（名）　①旧时计时的单位。把一昼夜平分为十二段，每段叫作一个时辰，合现在两小时。　②泛指时刻或时间。

10. 更兼 gēng jiān　特别是。

11. 务 wù　（副）　务必；一定。

12. 枉 wǎng　（副）　白白地。

13. 凑 còu　（动）　拼凑、聚集。

14. 鸟 diǎo　同"屌"。旧小说用作骂人的话。

15. 唬吓 hǔxià　（动）　吓唬。使害怕。

16. 落得 luòde　（动）　得到（某种境遇或结果）。

17. 恁地 nèndì　（代）　也作"恁的"。这样，那样。

18. 尊便自行 zūn biàn zì xíng　自己怎么方便就怎么做。

19. 哨棒 shàobàng　（名）　古代用棍子做的武器。

20. 诡诈 guǐzhà　（形）　狡诈、狡猾。

21. 厮 sī　同"厮"。①对男子轻视的称呼。如：这厮／那厮。②男性仆人。如：小厮。

22. 印信 yìnxìn　（名）　旧时公文书信所用印记的通称。

23. 方知 fāng zhī　才知道。

24. 端的 duānde　（副）　果然；的确。

25. 欲 yù　（动）　想要。

26. 寻思 xúnsi　（动）　思索，考虑。

27. 吃 chī　（介）　被（多见于早期白话）。

28. 存想 cún xiǎng　仔细想。

29. 毡笠 zhānlì　（名）　毡帽。

30. 掀 xiān　（动）　揭开。

31. 脊梁 jǐliáng　（名）　脊背、背上。

32. 绾 wǎn　（动）　把长条儿的东西盘绕起来打成结。

33. 肋 lèi　（名）　胸部的侧面：肋骨。

34. 袒开 tǎnkāi　脱去或敞开上衣，露出（身体的一部分）。

35. 踉踉跄跄 liàngliàng-qiàngqiàng　（成）　形容走路很不稳，东倒西歪的样子。

36. 光挞挞 guāngtàtà　光溜溜。

37. 撺将 cuān jiāng　撺：（动）　蹿。向上或向前跳。将：（助）　用在动词和"下来""起来"等表示趋向的补语中间。

38. 说时迟，那时快 shuō shí chí，nà shí kuài　小说中的常用套语，意思是：事情发生的速度不是记述的速度能跟上的。

39. 胯 kuà　（名）　腰的两侧和大腿之间的部分。

40. 霹雳 pīlì　（名）　也叫落雷。云和地面之间发生的一种强烈的雷电现象，响声很大。

41. 气性 qìxìng　（名）　脾气；性格。

42. 兜 dōu　（动）　绕。

43. 劈 pī　（动）　用刀斧等砍或由纵面破开。

44. 簌簌 sùsù　（拟声）　风吹叶子等的声音。

45. 定睛 dìngjīng　（动）　集中视线（看）。

46. 截 jié　（量）　段。

47. 咆哮 páoxiào　（动）　怒吼，生气地大声叫。

48. 就势 jiùshì　（副）　顺着动作姿势上的便利（紧接着做另一个动作）。

49. 揪 jiū　（动）　紧紧地抓；抓住并拉。

50. 捺定 nà dìng　按住。

51. 铁鎚 tiěchuí　（名）　铁锤。

52. 迸 bèng　（动）　向外溅出或喷射。

53. 兀自 wùzì　（副）　还；仍然。

54. 棒橛 bàng jué　短棍。

55. 方才 fāngcái　①（副）　跟"才"相似，但语气稍重。②（名）　时间词，不久以前；刚才。如：方才的情形。

56. 血泊 xuèpō　（名）　大滩的血。

57. 苏软 sūruǎn　（形）　软；形容没有一点力气。

58. 倘或 tǎnghuò　（连）　如果。

59. 挨 ái　（动）　拖着（脚步）。

注　释

1. 武松：《水浒传》中的 108 个好汉之一。长得高大威猛，英俊潇洒。

2. 巳、午、未三个时辰："时辰"是旧时计时的单位。把一昼夜平分为十二段，每段叫作一个时辰，合现在的两小时。十二个时辰用地支做名称，从半夜起算，半夜十一点到一点是子时，中午十一点到一点是午时。

3.本文选自元末明初著名白话小说《水浒传》第二十三回。

词语例释

1.又

加重语气，更进一层。如：

你又不是孩子。

他又不是白痴。

我又没骗你。

2.且

"且"有多个义项，常见的有：

①暂且。如：

我是好意，你且回来我家看官司榜文。

②将要、将近。如：

年且九十。

③〈方〉经久。如：

谁知道什么时候他能同意，且等呢！

④尚且。如：

夫妻且不能相帮，别人更难了。

⑤而且。如：

水流既深且急。

⑥文言连词，且……且……，意思是"一边……，一边……"。如：

且行且珍惜。

3.好+V

①表示使人满意的性质在哪方面。如：

　　好看、好听、好吃

②表示使容易；以便。如：

　　抱团取暖，好熬过冬天。

　　我们合作，好战胜他们。

　　我去现场看看，好了解一下情况。

4. 几时

指什么时候。如：

　　我几时说过不喜欢你？

　　真不知道要等到几时才能买上大房子！

5. 说时迟，那时快

小说中常用套语，意指事情发生的速度不是记叙速度所能跟得上的。

如：

　　眼看马车就要撞上那个孩子了，说时迟，那时快，他一下子冲上去抱起了小孩。

　　敌人正要冲上来，说时迟，那时快，一个炸弹飞了过去，把敌人吓跑了。

6. 倒

读作 dǎo 时：

①立着的东西躺下来。如：

　　小林一个不小心，摔倒了。

　　他是个懒虫，醋瓶子倒了也不扶一下。

②对调、转移、更换、改换。如：

　　他进了 200 元的货，倒手一卖赚了一千元。

读作 dào 时：

②位置上下前后翻转。如：

　　清澈的河水能看到山的倒影。

他每天都要练习倒立。

②把容器反转或倾斜，使里面的东西出来。如：

把杯子里的水倒了。

一不小心，书包里的东西哗啦啦都倒了出来。

③反过来，相反地。如：

你自己不听我的劝，现在倒怪起我来了。

别人难受，他倒开心得很。

④向后，往后退。如：

这种思想其实是一种倒退。

注意，倒车！

⑤为了强调下一分句的意思做出让步。如：

东西倒不坏，就是旧了点。

贵倒不贵，就是有点难看。

这房子方便倒是方便，就是租金太贵了。

综合练习

一、回答问题

1. 武松为什么不相信店家的话？

2. 武松知道真的有老虎后为什么不回酒店？

3. 作者用了哪些动词生动地描写了武松与老虎搏斗的精彩场面？

4. 你觉得武松是个怎样的人？

二、解释下列带下画线的词语的意思

1. 我又不少你酒钱，你<u>唤</u>我怎地？

2. <u>务</u>要等伴结伙而过。

3. <u>几时</u>见说有大虫？

4. 武松读了榜文，<u>方</u>知端的有虎。

5. 那大虫<u>吃</u>武松奈何得没了些气力。

6. <u>倘或</u>又跳出一只大虫来，却怎地斗得过它？

三、用下列词语填空

说时迟，那时快　　挣扎　　只顾　　就势　　平生　　耻笑

1. 病重的妈妈（　　　　）着起来，给孩子做饭。

2. 他（　　　　）没受过这样的气，哪里忍得住。

3. 他怕被人（　　　　），不敢认那个穷妈妈。

4. 眼看火车就要过来了，（　　　　）他冲上去救出了孩子。

5. 不要（　　　　）眼前利益。

6. 那棵枯树，不需要砍，只要（　　　　）一推，就会倒下。

四、讨论题

1. 你觉得武松该不该听酒家的话？当他看到榜文知道有老虎后该不该回去？为什么？

2. 你觉得武松该不该把老虎打死？为什么？

3. 与老虎相遇有什么办法可以逃生？

4. 你觉得人们应该怎样和动物相处？

五、辩论题

就动物和人的生存关系拟一个辩论题，进行辩论

六、想象作文：遇险

七、阅读

却说杜十娘在舟中，摆设酒果，欲与公子小酌，竟日未归，挑灯以待。公子下船，十娘起迎。见公子颜色匆匆，似有不乐之意，乃满斟热酒劝之。公子摇首不饮，一言不发，竟自上床睡了。十娘心中不悦，乃收拾杯盘，问道："今日有何见闻，而怀抱郁郁如此？"公子叹息而已，终不启口，问了三四次，公子已睡去了。十娘委决不下，坐于床头而不能寐。

到夜半，公子醒来，又叹一口气。十娘道："郎君有何难言之事，频频叹息？"公子拥被而起，欲言不语者几次，扑簌簌掉下泪来。十娘软言抚慰道："妾与郎君情好，已及二载，千辛万苦，历尽艰难，得有今日。然相从数千里，未曾哀戚。今将渡江，方图百年欢笑，如何反起悲伤，必有其故。夫妇之间，死生相共，有事尽可商量，万勿讳也。"

公子被逼不过，只得含泪而言道："仆天涯穷困，蒙恩卿不弃，委曲

相从，诚乃莫大之德也。但反复思之，老父位居方面，拘于礼法，况素性方严，恐添嗔怒，必加黜逐。你我流荡，将何底止？夫妇之欢难保，父子之伦又绝。日间蒙新安孙友邀饮，为我筹及此事，寸心如割。"

十娘大惊道："郎君意将如何？"公子道："仆事内之人，当局而迷。孙友为我画一计颇善，但恐恩卿不从耳！"十娘道："孙友者何人？计如果善，何不可从？"公子道："孙友名富，新安盐商。少年风流之士也。夜间闻子清歌，因而问及。仆告以来历，并谈及难归之故。渠意欲以千金聘汝，我得千金，可借口以见吾父母，而恩卿亦得所耳。但情不能舍，是以悲泣。"说罢，泪如雨下。

十娘冷笑一声道："为郎君画此计者，乃大英雄也。郎君千金之资既得恢复，而妾归他姓，又不致为行李之累，发乎情，止乎礼，诚两便之策也。那千金在哪里？"公子收泪道："未得恩卿之诺，金尚留彼处，未曾过手。"十娘道："明早快快应承了他，不可错过机会。但千金重事，须得兑足交付郎君之手，妾始过舟，勿为贾竖子所欺。"

时已四鼓，十娘即起身挑灯梳洗，道："今日之妆，乃迎新送旧，非比寻常。"于是脂粉香泽，用意修饰，花钿绣袄，极其华艳。香风拂拂，光彩照人。

装束方完，天色已晓。孙富差家童到船头候信。十娘微窥公子，欣欣似有喜色，乃催公子快去回话，及早兑银子。公子亲到孙富船中，回复依允。孙富道："兑银易事，须得丽人妆台为信。"公子又回复了十娘，十娘即指描金文具道："可便抬去。"孙富喜甚，即将白银一千两，送到公子船中。

十娘亲自检看，足色足数，分毫无爽，乃手把船舷，以手招孙富道："方才箱子可暂发来，内有李郎路引一纸，可检还之也。"

孙富视十娘已瓮中之鳖，即命家童送那描金文具，安放船头之上。十娘取钥开锁，内皆抽屉小箱。十娘叫公子抽第一层来看。只见翠羽明珰，瑶簪宝珥，充牣于中，约值数百金。十娘遽投之江中。李甲与孙富及两船之人，无不惊诧。又命公子再抽一箱，乃玉箫金管，又抽一箱，尽古玉紫金玩器，约值数千金。十娘尽投之于大江中。岸上之人，观者如堵，齐声道："可惜可惜！"正不知什么缘故。最后又抽一箱，箱中复有一匣。开匣视之，夜明之珠，约有盈把。其他祖母绿，猫儿眼，诸般异宝，目所未睹，莫能定其价之多少。众人齐声喝彩，喧声如雷。十娘又欲投之于江。李甲不觉大悔，抱持十娘痛哭，那孙富也来劝解。

十娘推开公子在一边，向孙富骂道："我与李郎备尝艰苦，不是容易到此，汝以奸淫之意，巧为谗说，一旦破人烟缘，断人恩爱，乃我之仇人，我死而有知，必当诉之神明！"又对李甲道："妾风尘数年，私有所积，本为终身之计。自遇郎君，山盟海誓，白首不渝。前出都之际，假托众姊妹相赠，箱中蕴藏百宝，不下万金。将润色郎君之装，归见父母，或怜妾有心，收佐中馈，得终委托，生死无憾。谁知郎君相信不深，惑于浮议，中道见弃，负妾一片真心。今日当众目之前，开箱出视，使郎君知区区之金，未为难事。妾椟中有玉，恨郎君眼内无珠。命之不辰，风尘困瘁，甫得脱离，又遭弃捐。今众人各有耳目，共作证明，妾不负郎君，郎君自负妾耳！"

于是众人聚观者，无不流涕，都唾骂李公子负心薄倖。公子又羞又苦，且悔且泣，方欲向十娘谢罪，十娘抱持宝匣，向江心一跳。众人急呼捞救，但见云暗江心，波涛滚滚，杳无踪影。可惜一个如花似玉的名姬，一旦葬于江鱼之腹。

（节选自冯梦龙《杜十娘怒沉百宝箱》）

回答问题：

1. 公子是个怎样的人？

2. 杜十娘是个怎样的人？

3. 杜十娘为什么跳河自尽？你对此有什么看法？